RELATION OFFICIELLE

DE LA

RÉCEPTION À L'HÔTEL DE VILLE

DE

M. RAYMOND POINCARÉ

PRÉSIDENT DE LA RÉPUBLIQUE FRANÇAISE

LE 18 FÉVRIER 1913

PARIS

IMPRIMERIE NATIONALE

M DCCCC XIII

RELATION OFFICIELLE

DE LA

RÉCEPTION À L'HÔTEL DE VILLE

DE

M. RAYMOND POINCARÉ

PRÉSIDENT DE LA RÉPUBLIQUE FRANÇAISE

LE 18 FÉVRIER 1913

RELATION OFFICIELLE

DE LA

RÉCEPTION À L'HÔTEL DE VILLE

DE

M. RAYMOND POINCARÉ

PRÉSIDENT DE LA RÉPUBLIQUE FRANÇAISE

LE 18 FÉVRIER 1913

PARIS

IMPRIMERIE NATIONALE

M DCCCC XIII

Hôtel de Ville de Paris

RÉCEPTION DE

M. RAYMOND POINCARÉ

PRÉSIDENT DE LA RÉPUBLIQUE

18 Février 1913

Musique de la Garde Républicaine sous la direction de

M. Guillaume Balay

Chœurs de la Société des Concerts du Conservatoire sous la direction de

M. Jean Gallon

1° *La Marseillaise* . . . . Rouget de l'Isle
Chœurs et Musique

2° *Marche Lorraine* . . . . Ganne
Musique

3° *Marche Héroïque* . . . . Saint-Saëns
Chœurs et Musique

4° *La Grotte de Fingal* (Ouverture) . . . . Mendelssohn
Musique

5° *Le Prince Igor* . . . . Borodine
Chœurs et Musique

6° a/. *Au Joly Jeu* (Chanson du XVIe Siècle) . . . . Cl.t Jannequin
b/. *Las, je n'yrai plus* (Chanson du XVIe Siècle) . . . . G. Costeley
Chœurs

7° *Impressions d'Italie.* — Sur les Cimes . . . . G. Charpentier
Musique

8° *La Bataille de Marignan* . . . . Cl.t Jannequin
Chœurs

9° *Deux Danses Hongroises* . . . . Brahms
Musique

" Les Editions Nationales,

RÉPUBLIQUE FRANÇAISE

LIBERTÉ, ÉGALITÉ, FRATERNITÉ

CONSEIL MUNICIPAL
DE PARIS

HÔTEL DE VILLE DE PARIS

RÉCEPTION

DE

M. Raymond POINCARÉ

Président de la République

JARDIN D'HIVER

18 Février 1913

Musique de l'Ecole d'Artillerie de Vincennes

Sous la Direction de M. Louis BLÉMANT

Chœurs du Théâtre National de l'Opéra-Comique

Sous la Direction de M. FERNAND MASSON

1. **Le Roi d'Ys** .... LALO
   CHŒURS
2. Ouverture de **Guillaume Tell** .... ROSSINI
   MUSIQUE
3. **Le Vaisseau fantôme** (Chœur des Fileuses) .... WAGNER
   CHŒURS. — *Soliste* : Mme JULLIOT
4. **Entr'acte de Messidor** .... BRUNEAU
   MUSIQUE
5. **Philémon et Baucis** .... GOUNOD
   CHŒURS
6. **Ballet du Cid** .... MASSENET
   MUSIQUE
7. **Carmen** (Chœur des Cigarières) .... BIZET
   CHŒURS
8. **Théodora** .... X. LEROUX
   MUSIQUE
9. **La Flûte enchantée** .... MOZART
   CHŒURS
10. **Marche héroïque** .... SAINT-SAËNS
    MUSIQUE
11. **Louise** (La Muse) .... G. CHARPENTIER
    CHŒURS. — *Soliste* : Mr CAPITAINE

COLOMIER

AVANT-PROPOS.

La transmiſſion des pouvoirs présidentiels fut, le 18 février 1913, marquée d'un caractère particulier.

Pour la première fois, la population parisienne put, grâce à une initiative prise par le Bureau du Conseil municipal, s'aſſocier à cet événement.

Monsieur Raymond Poincaré, répondant à un désir qui lui avait été exprimé par la Municipalité, accepta de se rendre à l'Hôtel de Ville le jour même où il prenait poſſession des hautes fonctions que lui avait conférées l'Aſſemblée nationale, immédiatement après la cérémonie de l'Élysée.

Le Président de la République y fut entouré de ses deux prédéceſſeurs, le Président Fallières & le Président Loubet; des Présidents & membres des Bureaux du Sénat & de la Chambre des Députés; de tous les Miniſtres; des Représentants des corps conſtitués.

La réception municipale eut un caractère d'émouvante grandeur.

D'autre part, la manifeſtation populaire, sur le paſſage

du Chef de l'État se rendant de l'Élysée à l'Hôtel de Ville, fut ardente, enthousiaste.

Le Bureau du Conseil a pensé qu'il importait de conserver le souvenir de cette journée historique.

Dans sa séance du 22 février, il a décidé la publication d'une Relation officielle, en confiant la rédaction à M. René Weiß, Chef du Cabinet du Président du Conseil municipal.

L'ouvrage a été exécuté par l'Imprimerie nationale & illustré par M. Henri Manuel, éditeur d'art.

BUREAU

DU

CONSEIL MUNICIPAL DE PARIS

(ÉLU LE VENDREDI 14 JUIN 1912).

PRÉSIDENT :

M. HENRI GALLI.

VICE-PRÉSIDENTS :

MM. JOUSSELIN,
ÉVAIN.

SECRÉTAIRES :

MM. CHARLES FILLION,
LALOU,
P. QUENTIN-BAUCHART,
DELAVENNE.

SYNDIC :

M. GAY.

Chef du Cabinet du Président : M. René WEISS.
Chef du Secrétariat du Président : M. Georges ROUSSEAU.
Chef du Secrétariat du Syndic : M. MOREAUD.

ADMINISTRATION DE LA VILLE DE PARIS
ET DU DÉPARTEMENT DE LA SEINE.

PRÉFET DE LA SEINE : M. DELANNEY.

Secrétaire général de la Préfecture de la Seine : M. AUBANEL.
Directeur du Cabinet du Préfet de la Seine : M. FERLET.

PRÉFET DE POLICE : M. LÉPINE.

Secrétaire général de la Préfecture de Police : M. LAURENT.
Directeur du Cabinet du Préfet de Police : M. Yves DURAND.

SERVICES ADMINISTRATIFS :

Directeur des Finances : M. DESROYS DU ROURE.
Directeur de l'Enseignement primaire : M. BÉDOREZ.
Directeur de l'Assistance publique : M. MESUREUR.
Directeur de l'Octroi : M. QUENNEC.
Directeur du Mont-de-Piété : M. MARTIN-FEUILLÉE.
Directeur des Affaires municipales : M. MENANT.
Directeur des Affaires départementales : M. MAGNY.
Directeur des Travaux : M. CACAUD.
Directeur des Services d'Architecture & des Promenades & Plantations : M. BONNIER.
Directeur de l'Inspection administrative & du Contentieux : M. PIETTE.
Receveur municipal : M. DE PONTICH.
Directeur des Secrétariats du Conseil municipal & du Conseil général : M. PRÉVAUDEAU.
Directeur des Beaux-Arts & des Musées : M. FALCOU.
Chef du Service du Personnel : M. PÉNARD.
Chef du Service du Matériel : M. LABIE.

LISTE ALPHABÉTIQUE
DES MEMBRES
DU CONSEIL MUNICIPAL DE PARIS.

MM.

ACHILLE, négociant, *quartier des Archives* (IIIe arrondissement), boulevard Beaumarchais, 37.

ALPY, docteur en droit, avocat à la Cour d'appel, *quartier de l'Odéon* (VIe arrondissement), rue Bonaparte, 68.

ANDIGNÉ (D'), ancien officier de cavalerie, *quartier de la Muette* (XVIe arrondissement), rue Boulainvilliers, 49.

AUCOC (Louis), négociant, *quartier Gaillon* (IIe arrondissement), place Vendôme, 14.

BADINI-JOURDIN, docteur en droit, avocat à la Cour d'appel, *quartier Saint-Gervais* (IVe arrondissement), rue Margueritte, 8.

BÉCRET, représentant de commerce, *quartier de la Porte-Saint-Martin* (Xe arrondissement), rue de Marseille, 15.

BELLAN, négociant, *quartier du Mail* (IIe arrondissement), rue des Jeûneurs, 30.

BERTHAUT, facteur de pianos, *quartier de Belleville* (XXe arrondissement), rue des Couronnes, 122.

BILLARD (Eugène), avocat à la Cour d'appel, *quartier de la Place-Vendôme* (Ier arrondissement), avenue de l'Opéra, 3.

IMPRIMERIE NATIONALE.

Brunet (Frédéric), industriel, *quartier des Epinettes* (xviie arrondissement), rue Jean-Leclaire, 17.

Cachin, professeur, *quartier de la Goutte-d'Or* (xviiie arrondissement), rue Gazan, 19.

Caire (César), docteur en droit, avocat à la Cour d'appel, *quartier de l'Europe* (viiie arrondissement), rue de Constantinople, 39.

Calmels, docteur en médecine, *quartier de la Salpêtrière* (xiiie arrondissement), avenue des Gobelins, 22.

Caron (Ernest), avocat, ancien agréé, *quartier Vivienne* (iie arrondissement), rue Saint-Lazare, 80.

Chassaigne-Goyon, docteur en droit, avocat, *quartier du Faubourg-du-Roule* (viiie arrondissement), rue La Boëtie, 110.

Chausse, ébéniste, *quartier Sainte-Marguerite* (xie arrondissement), boulevard Diderot, 152.

Chérioux (Adolphe), entrepreneur de maçonnerie, *quartier Saint-Lambert* (xve arrondissement), rue de l'Abbé-Groult, 95.

Cornette, pharmacien, *quartier de la Gare* (xiiie arrondissement), rue Nationale, 157.

Dausset (Louis), agrégé de l'Université, *quartier des Enfants-Rouges* (iiie arrondissement), place Saint-Georges, 22.

Delavenne (Georges-Hilaire), négociant, *quartier du Gros-Caillou* (viie arrondissement), rue Cler, 18.

Delpech, tourneur-mécanicien, *quartier de Grenelle* (xve arrondissement), avenue Emile-Zola, 112.

Deslandres, imprimeur typographe, *quartier de Croulebarbe* (xiiie arrondissement), rue Vulpian, 1.

DESVAUX (Émile), journaliste, *quartier d'Amérique* (XIXe arrondissement), rue des Fêtes, 7.

DEVILLE, avocat à la Cour d'appel, *quartier Notre-Dame-des-Champs* (VIe arrondissement), rue du Regard, 12.

DHERBÉCOURT, sellier, *quartier de Clignancourt* (XVIIIe arrondissement), rue Trétaigne, 7.

DORMOY, employé, *quartier de Picpus* (XIIe arrondissement), rue de la Lancette, 3.

DUVAL-ARNOULD, docteur en droit, avocat à la Cour d'appel, *quartier Saint-Germain-des-Prés* (VIe arrondissement), rue de Rennes, 95.

ÉVAIN, avocat à la Cour d'appel, *quartier d'Auteuil* (XVIe arrondissement), rue Michel-Ange, 80.

FIANT (Georges), industriel, *quartier des Arts-&-Métiers* (IIIe arrondissement), rue Dupetit-Thouars, 17.

FILLION (Charles), avocat à la Cour d'appel, *quartier des Batignolles* (XVIIe arrondissement), rue des Dames, 30.

FLEUROT (Paul), publiciste, *quartier du Jardin-des-Plantes* (V^e^ arrondissement), avenue des Gobelins, 7.

FROMENT-MEURICE (François), industriel, *quartier de la Madeleine* (VIIIe arrondissement), rue Richard-Wagner, 3.

GALLI (Henri), homme de lettres, *quartier de l'Arsenal* (IVe arrondissement), rue d'Offémont, 17.

GAY, publiciste, *quartier de la Porte-Dauphine* (XVIe arrondissement), rue de Sfax, 4.

GELEZ, employé, *quartier Saint-Ambroise* (XIe arrondissement), rue du Chemin-Vert, 99.

GENT (André), publiciste, *quartier de la Chapelle* (XVIIIe arrondissement), rue Pajol, 19.

GIROU (Georges), administrateur commercial, *quartier de la Porte-Saint-Denis* (Xe arrondissement), boulevard de Magenta, 82.

GRANGIER, représentant de commerce, *quartier de Plaisance* (XIVe arrondissement), rue Maison-Dieu, 18.

GRÉBAUVAL (Armand), homme de lettres, *quartier du Combat* (XIXe arrondissement), avenue Gambetta, 95.

GUILLARD (Charles), ingénieur, *quartier Saint-Georges* (IXe arrondissement), rue Victor-Massé, 5.

HABERT (Marcel), avocat à la Cour d'appel, *quartier de Rochechouart* (IXe arrondissement), rue Rochechouart, 36.

HÉNAFFE, graveur, *quartier de la Santé* (XIVe arrondissement), rue de la Tombe-Issoire, 36.

JOUSSELIN, rentier, *quartier des Ternes* (XVIIe arrondissement), avenue Mac-Mahon, 35.

LAJARRIGE (Louis), chaudronnier en cuivre, *quartier du Pont-de-Flandre* (XIXe arrondissement), avenue du Pont-de-Flandre, 10-12.

LALOU, avocat à la Cour d'appel, *quartier de la Monnaie* (VIe arrondissement), boulevard Saint-Michel, 6.

LAMPUÉ, propriétaire, *quartier du Val-de-Grâce* (Ve arrondissement), boulevard de Port-Royal, 72.

LANDRIN, ciseleur, *quartier du Père-Lachaise* (XXe arrondissement), avenue Gambetta, 47.

LE CORBEILLER, avocat, *quartier Saint-Merri* (IVe arrondissement), rue de Grenelle, 81.

LEMARCHAND, ancien agent technique du Service des Travaux de Paris, *quartier Notre-Dame* (IVe arrondissement), rue Le Regrattier, 28.

LE MENUET (Ferdinand), commerçant, *quartier Saint-Germain-l'Auxerrois* (1er arrondissement), rue de Lyon, 2 *bis*.

LEVÉE, industriel, *quartier du Palais-Royal* (1er arrondissement), rue de Rivoli, 176.

MASSARD (Émile), publiciste, *quartier de la Plaine-Monceau* (XVIIe arrondissement), boulevard Péreire, 58.

MERLIN, ancien officier de cavalerie, *quartier de Chaillot* (XVIe arrondissement), rue Auguste-Vacquerie, 5.

MICHAUD (Tony), représentant de commerce, *quartier Necker* (XVe arrondissement), rue des Volontaires, 22.

MINIOT, dessinateur-graveur, *quartier de la Folie-Méricourt* (XIe arrondissement), boulevard Voltaire, 5.

MITHOUARD (Adrien), homme de lettres, *quartier de l'Ecole-Militaire* (VIIe arrondissement), place Saint-François-Xavier, 10.

MOREL (Pierre), avocat à la Cour d'appel, *quartier des Quinze-Vingts* (XIIe arrondissement), rue de Charenton, 89.

MORIN (Jean), employé, *quartier de Bercy* (XIIe arrondissement), rue de la Lancette, 19.

OUDIN (Adrien), docteur en droit, avocat à la Cour d'appel, *quartier de la Chaussée-d'Antin* (IXe arrondissement), avenue du Coq, 7.

OUDIN (Étienne), *quartier du Montparnasse* (XIVe arrondissement), rue de Grancey, 2.

PARIS, ouvrier charron, *quartier de la Villette* (XIXe arrondissement), rue de Flandre, 33.

Payer (André), entrepreneur de travaux publics, *quartier de l'Hôpital-Saint-Louis* (xe arrondissement), avenue des Champs-Élysées, 114.

Petitjean, fabricant de papiers peints, *quartier du Bel-Air* (xiie arrondissement), rue Michel-Bizot, 186.

Peuch (Louis), ancien directeur d'école communale, *quartier Sainte-Avoie* (iiie arrondissement), rue de Turbigo, 30.

Pointel (Georges), négociant en matériaux, *quartier du Faubourg-Montmartre* (ixe arrondissement), rue Cadet, 3 *bis*.

Poirier de Narçay, docteur en médecine & homme de lettres, *quartier du Petit-Montrouge* (xive arrondissement), rue Boulard, 42.

Poiry, peintre d'enseignes & décorateur, *quartier de Javel* (xve arrondissement), rue des Bergers, 16.

Puymaigre (De), commandant breveté d'État-Major en retraite, *quartier des Invalides* (viie arrondissement), rue de Constantine, 7.

Quentin (Maurice), docteur en droit, avocat à la Cour d'appel, *quartier des Halles* (ier arrondissement), rue du Louvre, 44.

Quentin-Bauchart (Pierre), homme de lettres, *quartier des Champs-Élysées* (viiie arrondissement), rue Pierre-Charron, 6.

Ranvier, peintre éventailliste, *quartier de la Roquette* (xie arrondissement), rue Camille-Desmoulins, 3.

Rebeillard, inspecteur départemental des Enfants-Assistés (E. D.), *quartier de Bonne-Nouvelle* (iie arrondissement), rue de Palestro, 1.

Reisz, mécanicien, *quartier de Charonne* (xxe arrondissement), rue de Buzenval, 48.

Rendu (Ambroise), docteur en droit, avocat à la Cour d'appel, *quartier Saint-Thomas-d'Aquin* (viie arrondissement), rue du Bac, 108.

ROBAGLIA (Barthélemy), avocat à la Cour d'appel, ancien lieutenant de vaisseau, *quartier de la Sorbonne* (v[e] arrondissement), boulevard Saint-Michel, 16.

ROLLIN (Louis), avocat à la Cour d'appel, *quartier Saint-Victor* (v[e] arrondissement), boulevard Saint-Michel, 87.

ROUSSELLE (Henri), commissionnaire en vins, *quartier de la Maison-Blanche* (XIIIe arrondissement), rue Hallé, 34.

ROUSSET (Camille), éditeur, *quartier Saint-Vincent-de-Paul* (X[e] arrondissement), rue Lafayette, 114.

VARENNE (Jean), journaliste, *quartier des Grandes-Carrières* (XVIIIe arrondissement), rue de Maistre, 64.

VIROT (Paul), ancien receveur de l'octroi de Paris, *quartier Saint-Fargeau* (XXe arrondissement), avenue Gambetta, 117.

RELATION OFFICIELLE

DE LA

RÉCEPTION À L'HÔTEL DE VILLE

DE

M. RAYMOND POINCARÉ

PRÉSIDENT DE LA RÉPUBLIQUE FRANÇAISE

LE 18 FÉVRIER 1913

AVANT LA RÉCEPTION.

L'INVITATION DE LA MUNICIPALITÉ DE PARIS.
LES PRÉPARATIFS DE LA RÉCEPTION.

L'INVITATION DE LA MUNICIPALITÉ DE PARIS.

Le 17 janvier 1913, M. Raymond Poincaré, Président du Conseil des Ministres, était élu Président de la République.

Quelques jours plus tard, le 22 janvier, M. Poincaré, accueillant avec la meilleure grâce un désir qui lui était exprimé, recevait en son hôtel de la rue du Commandant-

IMPRIMERIE NATIONALE.

Marchand M. Galli & ses collègues du Bureau du Conseil municipal, auxquels s'étaient joints M. Poirier de Narçay, Président, & les membres du Bureau du Conseil général.

Le Président du Conseil municipal & ses collègues venaient offrir à M. Raymond Poincaré leurs respectueux hommages. En même temps, ils lui disaient le plaisir qu'éprouverait la Municipalité à le saluer à l'Hôtel de Ville, le jour même de la transmission des pouvoirs, & à organiser en son honneur, au foyer même de la Cité, une réception qui lui permettrait, dès la prise de possession de ses hautes fonctions, d'entrer en contact avec le peuple de Paris.

M. Poincaré accepta, en priant le Président du Conseil municipal d'inviter à la réception M. le Président Fallières & le prédécesseur de celui-ci, M. le Président Loubet.

Le Président de l'Assemblée communale assura M. Raymond Poincaré que le Conseil municipal apprécierait hautement l'honneur que lui faisait le premier Magistrat de la République en consentant à se rendre, au début même de son septennat, à l'Hôtel de Ville, foyer de chères libertés & d'ardent patriotisme.

« En conviant l'élu de l'Assemblée nationale à venir dans notre Maison commune recevoir l'hommage de la Ville de Paris », disait M. Galli [1], « nous avons estimé, mes collègues & moi, que nous accomplissions un acte très naturel de loyalisme. »

(1) Journal *le Matin*, 24 janvier 1913.

M. RAYMOND POINCARÉ

PRÉSIDENT DE LA RÉPUBLIQUE FRANÇAISE

Édition d'Art Henri Manuel

LES PRÉPARATIFS DE LA RÉCEPTION.

Les membres du Bureau du Conseil municipal se réunirent sans tarder pour examiner la forme qu'il convenait de donner à la manifestation du 18 février.

Ils furent tout d'abord unanimes à vouloir que cette fête, destinée à marquer une date solennelle dans les annales de l'Hôtel de Ville, fût vraiment, — & dans toute l'acception du terme, — une fête populaire. Les Représentants de Paris entendirent ouvrir au plus grand nombre les portes du Palais communal. C'est pourquoi l'idée d'un banquet, — qui ne pouvait comporter qu'un chiffre restreint d'invitations, — fut écartée & la proposition de MM. Galli & Gay, tendant à l'organisation d'une réception, rallia tous les suffrages. Il sembla que cette réception pourrait, sous réserve de l'approbation de M. Raymond Poincaré, être fixée à 4 heures de l'après-midi, c'est-à-dire dès qu'aurait pris fin au Palais de l'Élysée la cérémonie de transmission des pouvoirs.

Le Bureau, désireux d'associer plus largement encore la population parisienne à cette manifestation, se réserva d'examiner à l'une de ses séances ultérieures la possibilité d'offrir également un bal en l'honneur de M. Raymond Poincaré. Il apparut toutefois que ce bal, en raison de la confusion & des difficultés que créerait fatalement l'organisation de deux fêtes le même jour, ne pourrait avoir lieu le 18 février.

MM. Galli & Gay demandèrent une nouvelle audience à M. Raymond Poincaré afin de lui faire part des intentions du Bureau.

M. Poincaré, qui les reçut avec sa coutumière affabilité le 24 janvier, leur renouvela l'expression de la satisfaction qu'il éprouvait à se trouver, le 18 février, à la Maison commune, entouré de la population parisienne & de ses élus. Au cours de cette entrevue, il émit de nouveau le désir que fussent associés à la fête ses deux prédécesseurs, M. le Président Fallières & M. le Président Loubet. MM. Galli & Gay assurèrent M. Raymond Poincaré qu'ils se feraient un plaisir & un devoir d'inviter à la cérémonie MM. Fallières & Loubet qui avaient fréquemment témoigné à l'Assemblée communale leur haute & bienveillante sympathie.

M. le Président Loubet, à qui M. Gay avait été chargé de porter l'invitation de la Municipalité, l'accepta avec empressement.

M. le Président Fallières reçut le 28 janvier MM. Galli & Gay & les accueillit très aimablement : il fut convenu que toutes les questions relatives à cette réception seraient réglées par le Service du Protocole.

Dès le lendemain, des lettres d'invitation, signées du Président du Conseil municipal & du Préfet de la Seine, étaient adressées à M. Antonin Dubost, Président du Sénat; à M. Paul Deschanel, Président de la Chambre des Députés, ainsi qu'aux membres des Bureaux des deux Assemblées.

D'autre part, le Conseil des Ministres s'était, au cours de

M. HENRI GALLI

PRÉSIDENT DU CONSEIL MUNICIPAL DE PARIS

Édition d'Art Henri Manuel Photo Pirou

la réunion du Conseil tenue le 28 janvier, préoccupé de la fête du 18 février & avait décidé que tous les membres du Gouvernement y assisteraient. M. Briand, Président du Conseil des Ministres, qui reçut le lendemain la visite de MM. Galli & Gay, leur confirma, en même temps que son acceptation personnelle, celle de ses collègues du cabinet.

Le 1er février, MM. Galli & Gay étaient officiellement avisés de l'acceptation de M. Fallières. Le Président dont le septennat entrait dans l'histoire, le Président qui inaugurait ses fonctions, devaient, conformément aux dispositions arrêtées par le Protocole, se rendre au Palais municipal dans le même landau, M. Fallières, même après la cérémonie de transmission des pouvoirs à l'Élysée, occupant à droite la place d'honneur dans la voiture. En quittant l'Hôtel de Ville, M. Fallières serait reconduit par M. Poincaré à son domicile.

Les personnalités éminentes de l'État ayant ainsi répondu aux invitations de la Municipalité, le Président & le Syndic du Conseil prirent toutes dispositions nécessaires en vue de la réception, à laquelle la Ville de Paris entendait donner un éclat particulier.

Ils trouvèrent une collaboration de tous les instants en M. Falcou, Directeur des Beaux-Arts & des Musées, Commissaire général des Fêtes, qui affirma une fois de plus, en la période d'organisation qui commençait, ses brillantes qualités. M. Falcou devait être à son tour secondé par M. Defaux, le dévoué Inspecteur des Fêtes, & tout un personnel zélé.

Il est juste enfin de rendre hommage aux fonctionnaires du Conseil municipal, activement dirigés par M. Moreaud, Chef du Secrétariat du Syndic, à qui il appartenait de concourir à la préparation de la réception.

Rien ne fut négligé pour que l'Hôtel de Ville revêtît sa parure des grands jours. Des instructions furent immédiatement données pour que la cour du Centre, *dite* Louis XIV, qui, pour la première fois, lors de la visite des marins de l'escadre russe, commandés par l'amiral Avellan, & dans la suite, lors de la réception de souverains étrangers, avait été transformée en jardin d'hiver, fût aménagée en serre somptueuse. Quant aux salons, des dispositions étaient prises dès ce moment pour que des plantes, des fleurs de toutes parts répandues, des draperies aux teintes harmonieuses, le ruissellement de lumières savamment combinées pussent leur communiquer une élégante splendeur.

Le Bureau arrêta la liste des invitations qu'il y avait lieu d'adresser, invitations qui furent transmises par le Secrétariat de M. le Syndic Gay.

Outre les lettres, — calligraphiées sur papier portant en couleurs les armes de la Ville de Paris, & qui avaient été adressées au Président du Sénat, au Président de la Chambre des Députés, aux Ministres, Sous-Secrétaires d'État & aux membres des Bureaux du Parlement, — des cartes blanches

M. MARCEL DELANNEY

PRÉFET DE LA SEINE

Édition d'Art Henri Manuel

furent envoyées aux personnalités ci-dessous désignées, lesquelles furent priées de se joindre dans la cour du Centre au cortège officiel :

Secrétaire général & Chef du Secrétariat particulier de la Présidence de la République;

Secrétaire général de la Présidence du Sénat;

Secrétaire général de la Présidence de la Chambre des Députés;

Vice-Président du Conseil d'État;

Premier Président de la Cour de cassation;

Premier Président de la Cour des comptes;

Premier Président de la Cour d'appel;

Grand Chancelier de la Légion d'honneur;

Chef d'État-Major général de l'armée, Vice-Président du Conseil supérieur de la Guerre;

Chef d'État-Major général de la Marine;

Gouverneur militaire de Paris;

Chef d'État-Major du Gouverneur;

Anciens Présidents & Syndic du Conseil municipal;

M. de Selves, ancien Préfet de la Seine;

Secrétaires généraux de la Préfecture de la Seine & de la Préfecture de Police;

Sénateurs & Députés de la Seine;

Maire du IVe arrondissement;

Président du Syndicat de la Presse municipale;

Journalistes accrédités près le Conseil.

D'autre part, près de deux mille cartes, — celles-ci de couleur bleue, — permettant à ceux à qui elles étaient attribuées de se rendre dans la salle des Fêtes, furent réservées aux Corps constitués & aux personnalités comprises dans la liste cidessous :

Présidence de la République (Secrétariat particulier & Maison militaire);

Direction du Protocole;

Chefs du Cabinet de la Présidence du Sénat & de la Présidence de la Chambre des Députés;

Secrétaires généraux de la Questure de ces deux Assemblées;

Directeurs & Chefs du Cabinet des Ministres & Sous-Secrétaires d'État;

Présidents de Sections au Conseil d'État;

Conseillers d'État en service ordinaire;

Gouverneur de la Banque de France;

Gouverneur du Crédit Foncier;

Vice-Recteur de l'Académie de Paris;

Doyens des Facultés de Droit, de Médecine, des Lettres & des Sciences de l'Université de Paris;

Secrétaire perpétuel & Chancelier de l'Académie française;

Président de l'Académie des Beaux-Arts;

Procureur général près la Cour d'appel;

Président du Tribunal de première instance;

Procureur de la République près le Tribunal de première instance;

FAC-SIMILE DE LA LETTRE OFFICIELLE D'INVITATION

ADRESSÉE

AU PRÉSIDENT DU SÉNAT, AU PRÉSIDENT DE LA CHAMBRE DES DÉPUTÉS,

AUX MINISTRES ET SOUS-SECRÉTAIRES D'ÉTAT,

AUX MEMBRES DES BUREAUX DES DEUX ASSEMBLÉES

(STERN, graveur)

MVNICIPALITÉ DE PARIS

Paris, le Février 1913.

Monsieur le

Monsieur Raymond Poincaré, Président de la République, sera reçu à l'Hôtel de Ville, le Mardi 18 Février, à 4 heures.

La Municipalité vous prie de vouloir bien lui faire l'honneur d'assister à cette cérémonie qui conservera un caractère exclusivement officiel.

Veuillez agréer, Monsieur le l'assurance de notre haute considération.

Le Président du Conseil Municipal

Le Préfet de la Seine

Monsieur

Président de l'Ordre des Avocats au Conseil d'État & à la Cour de cassation;

Bâtonnier de l'Ordre des Avocats à la Cour d'appel;

Syndic des Agents de change;

Président de la Chambre des Notaires;

Président de la Chambre des Avoués près la Cour d'appel;

Président de la Chambre des avoués près le Tribunal de première instance;

Syndic-Président de la Chambre des Huissiers;

Président de la Chambre des Commissaires-Priseurs;

Président du Tribunal de Commerce;

Président de la Chambre de Commerce;

Général commandant la Place de Paris;

Chef d'État-Major de la Place;

Général commandant le Département de la Seine;

Maires & Maires adjoints des vingt arrondissements de Paris;

Colonels de la Garde républicaine, des Sapeurs-Pompiers, de la Gendarmerie;

Directeurs des théâtres subventionnés par l'État & des théâtres municipaux;

Présidents des Conseils d'administration des Compagnies de chemins de fer (Ouest-État, Nord, Est, Orléans, Paris à Lyon & à la Méditerranée, Midi; Société des Wagons-Lits);

Présidents des Conseils d'administration des Compagnies de transport (Métropolitain, Nord-Sud, Omnibus, Bateaux-Parisiens);

IMPRIMERIE NATIONALE.

Président de la Société de Géographie;

Présidents de la Société des Artistes français & de la Société nationale des Beaux-Arts;

Présidents de la Société des Steeple-Chases de France; des Sociétés d'encouragement pour l'amélioration des races de chevaux en France; pour l'amélioration du cheval français de demi-sang;

Président de la Société hippique française;

Président de la Société d'encouragement de l'Automobile-Club de France;

Président de la Société nationale d'Horticulture;

Président du Conseil d'administration de la Société du Gaz de Paris;

Présidents des grandes Associations du Commerce & de l'Industrie (Association des Tissus, Alliance du Commerce & de l'Industrie, Chambre syndicale du Bâtiment, Comité de l'Alimentation parisienne, Comité central des Chambres syndicales, Chambre d'Exportation, Comité des Expositions à l'étranger, Comité républicain du Commerce, de l'Industrie & de l'Agriculture, Chambre des Négociants commissionnaires & du Commerce extérieur, Chambre syndicale des Importateurs & Exportateurs de France, Chambre syndicale des Agents-représentants pour l'Exportation, Cercle de la Librairie, Syndicat général du Commerce & de l'Industrie, Comité de l'Alimentation en gros);

Conseil municipal & Conseil général;

Presse municipale;

Directeurs, Inspecteurs généraux & Ingénieurs en chef de la Préfecture de la Seine;

Membres du Conseil de Préfecture;

Commissaires du Gouvernement près ledit Conseil;

Membres du Comité consultatif;

Directeurs de la Préfecture de Police;

Directeurs & Secrétaires généraux de l'Assistance publique & du Mont-de-Piété;

Directeur de l'Octroi.

Enfin, plus de cinq mille autres invitations — les cartes étaient de couleur verte — furent lancées, donnant accès à la salle à manger, aux salons Jean-Paul-Laurens, Tattegrain, des Arcades, aux galeries du Conseil municipal.

Le Président & le Syndic du Conseil, à qui il était réservé de les attribuer, eurent à remplir une tâche des plus délicates.

Il leur eût été agréable de donner satisfaction à tous ceux qui souhaitaient d'assister à la réception du 18 février. Mais comment y réussir? L'Hôtel de Ville, si vaste fût-il, ne pouvait accueillir qu'un nombre limité d'invités, & rarement présence à une cérémonie fut plus recherchée.

En raison du flot grossissant de requêtes, le projet, déjà envisagé, tendant à organiser une seconde fête populaire, fut examiné.

Le 6 février, M. Rebeillard, rapporteur général du compte, ancien Président de la Commission de l'Enseignement &

des Beaux-Arts, saisit le Président du Conseil municipal de la proposition suivante :

Mon cher Président,

Le nouveau Président de la République, M. Poincaré, accompagné de ses deux prédécesseurs, M. Loubet & M. Fallières, a bien voulu accepter d'être reçu à l'Hôtel de Ville par les Représentants de Paris le 18 février, le jour même de la transmission des pouvoirs présidentiels.

Cette visite sera un grand honneur pour les Élus de Paris. Malheureusement, il ne sera possible qu'à un nombre restreint de personnes d'assister à cette fête.

Ne vous semblerait-il pas, dans ces conditions, que la population parisienne pourrait être associée davantage à cette manifestation & que, mettant à profit l'installation des salons de l'Hôtel de Ville, la Municipalité pourrait organiser, le samedi ou le dimanche suivant, un bal ou un concert populaire, ce qui serait, je crois, particulièrement bien accueilli par le commerce parisien?

Je me permets, mon cher Président, de vous faire part de cette idée, en vous demandant de vouloir bien en saisir le Bureau, si elle vous paraît de nature à pouvoir être réalisée.

Veuillez agréer, mon cher Président, l'assurance de mes sentiments les meilleurs.

E. Rebeillard.

Le lendemain, le Bureau se réunissait, &, adoptant cette proposition, décidait que, le samedi 22 février, un grand bal serait offert dans les salons, qui conserveraient leur décoration.

Le Bureau formula l'espoir qu'à cette seconde fête M. Raymond Poincaré, qui, au cours des entretiens qu'il avait eus avec les Représentants de Paris, avait affirmé sa volonté de se trouver le plus possible en contact avec la population parisienne, accepterait également de paraître.

En même temps que les demandes d'invitation, parvenaient chaque jour au Président du Conseil municipal des propositions, qu'il ne fut malheureusement pas possible d'accueillir, mais dont beaucoup étaient de touchante inspiration.

Un projet, dont la réalisation devait être des plus heureuses, fut soumis en ces termes au Président du Conseil municipal :

Paris, le 26 janvier 1913.

Monsieur le Président,

Puisque vous avez eu la belle idée de donner aux Parisiens l'occasion d'acclamer le nouveau Président de la République le jour de son entrée en fonctions, en le recevant à l'Hôtel de Ville, je prends la liberté de vous soumettre l'idée suivante, de nature à donner à la manifestation de sympathie que vous préparez un caractère nettement populaire & parisien.

Voici en quoi consiste cette idée :

Avec le concours de la Presse & par son intermédiaire obligeant, il pourrait, je crois, être formé, dans chaque arrondissement, un petit Comité qui, en dehors bien entendu de toute ingérence politique, se chargerait de réunir le 18 février, au centre de l'arrondissement, toutes les sociétés musicales, chorales, de préparation militaire, de mutualité, de gymnastique, &c., qui, une fois groupées, pourraient se rendre en cortège, musiques en tête, sur le passage du Président ou sur la place de l'Hôtel-de-Ville, enfin aux emplacements qui seraient indiqués à l'avance à chaque groupe d'arrondissement.

Il me semble que ces sociétés, partant des différents centres de Paris pour converger vers le même point, qui ensuite formeraient une haie touffue de Parisiens acclamant le grand Lorrain, devenu Président de la République par sa seule valeur morale & intellectuelle, donneraient à cette fête le caractère que vous avez certainement l'intention de lui donner, celui d'une fête populaire & parisienne.

Si à votre avis, Monsieur le Président, cette idée est réalisable, il suffirait, je crois, que, sur votre invitation, les journaux convient les personnes de bonne volonté de chaque arrondissement à former le Comité, lequel pourrait se charger de grouper les différentes sociétés qui voudraient se rendre en cortège sur le passage du Président de la République le 18 février.

Si cette idée vous agrée, Monsieur le Président, je me tiendrai volontiers à votre disposition ou à celle de votre Commission des Fêtes pour développer les détails d'organisation que j'envisage comme possibles pour la mise au point de cette partie de la fête du 18 février.

Veuillez agréer, Monsieur le Président, l'assurance de mes salutations les plus empressées.

Victor Faive,
Publiciste.

M. Galli s'empressa de répondre à l'auteur de cette lettre qu'il approuvait de grand cœur un tel projet, dont l'initiative toutefois ne pouvait être prise par la Ville de Paris; qu'il appartenait au promoteur de l'idée d'entrer en rapport avec les Présidents des Sociétés parisiennes pour l'organisation de la manifestation envisagée, manifestation au succès de laquelle il serait personnellement heureux de pouvoir aider.

Par la suite, un Comité d'organisation, ayant à sa tête MM. Faive & Garnier, se forma. Des appels furent adressés à toutes les sociétés parisiennes & de la banlieue. M. Galli, Président du Conseil municipal, eut avec les représentants des divers groupements plusieurs entrevues & ne leur ménagea pas son concours.

Tandis que les sociétés s'apprêtaient à participer à la fête qui s'annonçait, pendant que, dans la Maison commune, se poursuivaient les préparatifs matériels, l'organisation de la cérémonie officielle du 18 février à l'Hôtel de Ville était arrêtée en des conférences, tenues soit au quai d'Orsay, soit dans le cabinet du Président du Conseil municipal, & auxquelles assistèrent MM. Mollard, Ministre plénipotentiaire, Chef du Service du Protocole; de Fouquières, Sous-Chef; Galli, Président; Gay, Syndic du Conseil; Eugène Pierre, Secrétaire général de la Présidence de la Chambre des Députés; Bonet-Maury, Chef faisant fonctions de Secrétaire général de la Présidence du Sénat; Falcou, Directeur des Beaux-Arts & des Musées de la Ville de Paris, Commissaire général des Fêtes.

Voici quelles dispositions furent arrêtées.

Les invités priés de se joindre au cortège pénétreront dans l'Hôtel de Ville par la porte centrale du monument, sur la place, & seront conduits dans la cour du Centre transformée en salon d'honneur.

Ils se placeront à droite en entrant, dans l'ordre suivant :

Le Président du Sénat;

Le Président de la Chambre des Députés;

Le Président Loubet;

Les Ministres & Sous-Secrétaires d'État;

Le Bureau du Sénat;

Le Bureau de la Chambre;

Les Sénateurs de la Seine;

Les Députés de la Seine;

Le Grand Chancelier de la Légion d'honneur;

Le Gouverneur militaire de Paris;

Les Secrétaires généraux des deux Préfectures, &c.

A gauche se tiendront les Conseillers municipaux de Paris, les Conseillers généraux de la Seine, les membres de la Presse municipale.

Mesdames Poincaré & Fallières, ainsi que les femmes du Président du Sénat, du Président de la Chambre des Députés, des Ministres, des Sous-Secrétaires d'État, entreront également par la porte centrale & seront accompagnées par les membres du Bureau du Conseil municipal aux places réservées dans la loggia, aménagée à leur intention dans la salle des Fêtes.

Lors de l'arrivée de M. Raymond Poincaré & de M. Fallières, MM. Galli, Président du Conseil municipal, Delanney, Préfet de la Seine, Poirier de Narçay, Président du Conseil général, Gay, Syndic des Conseils, se rendront au-devant d'eux.

Au moment où M. le Président de la République & M. le Président Fallières pénétreront dans la cour du Centre, MM. les Présidents du Sénat & de la Chambre des Députés viendront les recevoir & se joindront au cortège ainsi formé; de même que M. le Président Loubet, les Ministres & Sous-Secrétaires d'État.

Après l'allocution de bienvenue adressée à M. Raymond

Poincaré par M. Galli, Président du Conseil municipal & M. Delanney, Préfet de la Seine, les membres du Conseil municipal seront individuellement présentés à M. Raymond Poincaré.

Les signatures ayant été apposées sur le Livre d'Or, le cortège se formera immédiatement pour la montée dans les salons.

Dans la salle des Fêtes, M. Raymond Poincaré & M. Fallières, ainsi que les personnalités composant le cortège, prendront place quelques instants pour écouter les morceaux chantés par les chœurs du Conservatoire, qu'accompagnera la musique de la Garde républicaine, puis se mettront de nouveau en marche pour la traversée des salons.

Par la galerie du Conseil municipal, ils seront conduits au buffet dressé dans la salle du Comité du budget.

Dès que MM. les Présidents de la République auront quitté leurs places dans la salle des Fêtes, les membres du Conseil municipal de Paris conduiront Mesdames Poincaré & Fallières, les femmes des Présidents des Chambres, des Ministres & Sous-Secrétaires d'État, des Conseillers municipaux, au buffet spécial qui leur sera réservé dans la bibliothèque du Conseil.

Pendant que se déroulera la cérémonie officielle, un concert sera donné dans la cour du Centre par la musique de l'École d'artillerie de Vincennes & les chœurs de l'Opéra-Comique.

Deux musiques militaires se feront entendre sur la place de l'Hôtel-de-Ville.

IMPRIMERIE NATIONALE.

La veille de la réception, l'aménagement du Palais communal était achevé.

La décoration de l'Hôtel de Ville fut toute de splendeur.

A l'extérieur, un velum rouge, frangé d'or, encadrait la porte centrale du monument; aux fenêtres, des trophées de drapeaux tricolores annonçaient une grande fête française.

La salle des Prévôts, dont les colonnes étaient entourées de verdure, était traversée par un tapis qui, partant du péristyle de l'Hôtel de Ville, aboutissait à la cour du Centre, *dite* Louis XIV.

Là, le sol de marbre disparaissait sous un autre tapis dont l'aspect semblait celui d'une pelouse toute parsemée de fleurettes.

Quant à la cour elle-même, de si noble architecture, elle offrait une féerique vision.

Un velum en soie plissée blanc & or la recouvrait &, de ce plafond improvisé, pendait un soleil qui, par ses quatre cent quarante lampes à incandescence, projetait d'étincelantes lueurs.

De hautes glaces, — où mille lumières se reflétaient à l'infini, — marquaient les baies du rez-de-chaussée. Des treillages vert Trianon y étaient fixés, le long desquels couraient des guirlandes de glycines, entremêlées de lampes de couleurs. Les quatre pans coupés étaient ornés de statues dont la blancheur se détachait sur la verdure.

Des tentures vert pâle, frangées d'or, drapaient les fenêtres du premier étage, transformées en harmonieuses loggias. Aux colonnes étaient agrafés des faisceaux de drapeaux tricolores, que supportaient des écussons aux armes de Paris. Une rampe

LA COUR DU CENTRE, *DITE* LOUIS XIV

Édition d'Art Henri Manuel

électrique faisait le tour de la corniche. Au-dessus des fenêtres, des rosaces répandaient de nouvelles lumières.

Quant à la décoration florale, elle composait un ensemble rare. Là, se trouvaient réunis des végétaux exotiques qui font honneur aux serres de la Ville de Paris, beaux à la fois par leur variété, leur coloration, leur richesse de forme : les grands Kentia Forsteriana & Belmoreana, le premier, des îles de l'Océan Pacifique, le second, d'origine australienne, aux feuilles luisantes, gracieusement arquées. Différents cocotiers du Brésil encadraient de leurs flexibles frondes les glaces, au pied desquelles avaient été savamment disposés, outre d'autres plantes d'élite, de ravissants palmiers, des bords de l'Amazone, au tronc argenté, aux feuilles légèrement graciles, d'un vert gai & vif; des eucalyptus, des dattiers des îles Canaries, des Areca Baueri & lutescens.

Les massifs se complétaient de Crotons, Pandanus, Dracoenas. Enfin, à ces plantes au brillant feuillage se mariaient cyclamens de Perse, azalées de l'Inde & de la Chine, cinéraires hybrides, pruniers trilobés & de Chine, rhododendrons du Caucase, jacinthes de Hollande, bruyères du Cap, hortensias, tulipes, primevères, bégonias, lis, roses, œillets, bleuets, cytises aux fleurs jaune d'or.

Au milieu de la cour, l'œuvre d'Antonin Mercié, le *Gloria Victis,* se dressait sur son socle magnifiquement paré.

La salle des Fêtes, le salon Henri-Martin, avaient été garnis de barrières revêtues de peluche jaune d'or.

Contre ces barrières, dans l'allée centrale, des pruniers, bleuets, roses, alternaient avec des plantes de serre au feuillage richement coloré ou vert. Les larges baies de la salle des Fêtes étaient ornées de luxueux lambrequins brodés aux armes de la Ville, de rideaux de lampas ou de velours jaune d'or.

Au milieu de la salle, côté du salon des Cariatides, une estrade avait été aménagée, dont la partie antérieure disparaissait sous les draperies & les plantes.

En face de cette scène improvisée avaient été installés, pour le cortège officiel, quatorze fauteuils en tapisserie d'Aubusson, aux armoiries de Paris, &, derrière, des chaises dorées recouvertes de soie couleur cerise. Des deux côtés, des enceintes étaient prévues : celle de droite, réservée à Mesdames Poincaré & Fallières, ainsi qu'aux femmes des Présidents du Sénat, de la Chambre des Députés, des Ministres & Sous-Secrétaires d'État, du Président du Conseil municipal & du Préfet de la Seine; celle de gauche, destinée aux membres du Parlement & aux Maires de Paris.

Enfin, au delà de ces emplacements, des chaises, également dorées, avaient été disposées à l'intention des autres invités de la Municipalité.

L'Hôtel de Ville était prêt à recevoir ses hôtes.

La fête promettait d'être populaire, ainsi que l'avait voulu la Municipalité. Jusqu'à la dernière heure, les demandes de cartes abondèrent. En vain le Bureau faisait-il savoir, par la voie de la Presse, que, faute de place dans le Palais communal, il n'était plus possible de les accueillir. Les sollicitations ne se décourageaient pas & se faisaient plus pressantes encore à mesure qu'approchait le 18 février.

D'autre part, la manifestation, sur le parcours que devait suivre le Président de la République, de l'Élysée à l'Hôtel de Ville, s'annonçait grandiose.

A l'appel de M. Faive & du Comité d'initiative qui s'était constitué, les sociétés parisiennes & de la banlieue[1], — musi-

[1] Les sociétés suivantes avaient envoyé leur adhésion : Avenir de la Seine; Office littéraire & musical; Solidarité artistique; Lyre alsacienne-lorraine; Réveil de Lutèce; Marsouins; Revanche de Lutèce; Infanterie de Marine; Revanche du XIe; Alliance coloniale française; Anciens artilleurs coloniaux; Sous-officiers coloniaux; Cercle philanthropique des anciens marsouins; Chevaliers du devoir; Avenir fraternel; Boule de neige; Garde nationale mobile de la Seine; Chevaliers de Saint-Léon; Alliance française; Infanterie de marine & coloniale; Union générale des sociétés de sauveteurs & ambulanciers; Association des fonctionnaires de France; Boys-scouts de France; Armes de Neuilly; Anciens combattants de 1871; Institut de la prévention du feu; Préparation militaire de la Garenne-Colombes; Trompettes du XIIe; Fédération des médaillés militaires; Harmonie de la Cité; Mobiles de la Seine; Amis des retraites militaires; Damoysienne; Ambulanciers de Seine-&-Oise; Association des vétérans des armées de terre & de mer; Amicale du Ve; Société hongroise de secours mutuels; Prévoyance du P. O.; Patronage des hôpitaux; Société protectrice de la jeunesse; Anciens militaires de la garde & de la gendarmerie; Grand prix humanitaire de France & des Colonies; Fanfare « la Voltairienne »; École de préparation militaire du VIIe; Sauveteurs volontaires de Colombes; Association des Lyonnais; Union populaire des arts; Fanfare « l'Algérienne »; Société de secours mutuels des Corses; Combattants de Champigny; Société de la Défense de Champigny; Éclaireurs français; Ligue d'éducation nationale; Société de protection des paysages de France; Comité central de revendication; Union des sauveteurs français; Belfortaine de Paris; Académie du progrès; Avenir mutuel; Volontaires de 1870-1871; Enfants d'Aubervilliers; Société de secours immédiat & de prévoyance de l'Opéra; Fédération professionnelle des mécaniciens chauffeurs & électriciens; Union chorale des postes & télégraphes; Toro; Suffrage des femmes; Association

cales, sportives, de préparation militaire, de vétérans, de secours mutuels, — auxquelles la «Société royale belge» & la «Générale belge», conduites par M. Carpentier, échevin de Bruxelles, avaient annoncé l'intention de se joindre, — répondirent en nombre immense.

Les instructions de MM. Lépine, Préfet de Police, & Touny, Directeur de la Police municipale, leur prescrivaient de se grouper devant les mairies de leurs arrondissements respectifs, d'où elles se rendraient en cortège, bannières au vent,

des travailleurs; Union des travailleurs libres; Vétérans de Levallois-Perret; Anciens du 137e; Mutuelle des enfants de l'Aisne; Association amicale des enfants du canton de Droué; Union des anciens chasseurs à pied; Laborieuse; Orphelinat des chemins de fer; Association philanthropique du XVIe; Société «Garde à vous»; Société amicale des anciens coloniaux de la Villette; Sauveteurs du XIXe; Groupe amical V. F.; France coloniale; Mariniers ambulanciers de France; Société de tir «Valmy»; Millavois de Paris; Union sportive du XVe; Société «Pointez»; Anciens du 11e d'artillerie; Trompettes ouvrières du XIVe; Sauveteurs ambulanciers du XVIIIe; Patronage laïque du IIe; Préparation militaire du IIe; Chasseurs topographes du IIe; Société fraternelle des sauveteurs français; Union syndicale des industriels forains; «Dernier Adieu»; Alsacienne-lorraine de la banlieue Ouest; Société royale belge; Amicale du Ve; Cordiale; Société de secours mutuels des concierges; Valseuse; Société protectrice de la jeunesse; Société des gendarmes; Enfants de Malakoff; Patronage Étienne-Dolet; Amis de la musique; Union philanthropique des typographes; Engagés volontaires mineurs de 1871; Société de secours mutuels du Métropolitain; Prévoyance du personnel technique du Métropolitain; Union des volontaires du Ve; Cercle laïque du XVIIIe; Estudiantina parisienne; Dotation de la jeunesse de France; Section du VIe de la Dotation de la jeunesse de France; Cercle lyrique de Rouen; toutes les sections des vétérans des armées de terre & de mer de Paris, & celles d'Asnières, de Bicêtre, Bois-Colombes, Bry-sur-Marne, Charenton, Chatou, Fontenay-sous-Bois, Issy-les-Moulineaux, du Kremlin-Bicêtre, de Malakoff, Meudon, Montreuil, Montrouge, Neuilly-sur-Seine, Noisy-le-Sec, du Perreux, de Rosny-sous-Bois, Rueil, Saint-Mandé, Saint-Ouen, Sèvres, Vanves, Versailles, Ville-d'Avray, Villejuif, Vincennes.

à la terrasse du Jeu de Paume, lieu de concentration générale fixé.

A la suite d'un accord intervenu avec le Président du Conseil municipal, il fut en outre décidé que leurs représentants seraient admis à remettre à M. Poincaré, à l'Hôtel de Ville, dans la salle des séances de l'Assemblée communale, une adresse de sympathie.

La foule enfin, la foule anonyme des solennités & des grands jours, qui toujours s'associa aux actes importants de la vie nationale, & sait mettre tant de bonne grâce, tant d'enthousiasme dans ses manifestations, préparait au nouveau Chef de l'État une triomphale entrée dans la carrière présidentielle.

L'Hôtel de Ville allait, une fois de plus, être le témoin d'heures mémorables.

La plupart des membres du Conseil municipal approuvaient hautement la manifestation du 18 février. Un grand nombre exprimèrent publiquement leurs sentiments :

> A l'heure que nous traversons, plus encore qu'à toute autre, la réception de M. Poincaré à l'Hôtel de Ville est destinée à marquer l'union de tous. Elle donnera au dehors l'impression de la force morale française & prouvera que cette union peut & doit toujours se faire en dehors & au-dessus de tous les partis sur le nom de l'homme qui représente la Nation [1].
>
> Henri Galli,
> *Président du Conseil municipal.*

[1] Journal *le Matin,* 18 février 1913.

La réception de M. Poincaré à l'Hôtel de Ville constitue une innovation très heureuse, car elle correspond, à n'en pas douter, au sentiment général, surtout si je me réfère au nombre considérable de demandes de cartes que j'ai reçues.

Chérioux,
Ancien Président du Conseil municipal.

Je ne puis qu'applaudir à une manifestation populaire en l'honneur d'un homme qui n'est pas seulement l'élu du Congrès, mais aussi l'élu de l'opinion publique. C'est surtout ce double caractère que souligne pour moi la réception de M. Poincaré à l'Hôtel de Ville.

Grébauval,
Ancien Président du Conseil municipal.

La décision du Président de la République d'entrer en rapport avec l'Hôtel de Ville, dès sa prise de possession du pouvoir, me paraît très heureuse. Elle renoue une ancienne tradition & met tout de suite le Chef de l'État en contact avec l'opinion publique qui lui est extrêmement favorable & dont il sait qu'il faut tenir le plus grand compte.

Deville,
Ancien Président du Conseil municipal.

Si j'en juge d'après le nombre formidable de demandes de cartes que j'ai reçues pour la cérémonie de l'Hôtel de Ville, & auxquelles il m'a été d'ailleurs impossible de donner satisfaction, la réception de M. Poincaré par le Conseil municipal, sans distinction d'opinion ni de parti, répond au plus haut degré au sentiment populaire. Ce sera, par excellence, la journée du peuple de Paris.

Dausset,
Ancien Président du Conseil municipal,
Rapporteur général du budget.

La fête était, dans la pensée de tous ceux qui applaudissaient à l'initiative prise par le Bureau du Conseil municipal, une fête de concorde.

Que nous importe à nous, écrivait M. Desvaux, conseiller municipal, qu'un bureau d'assemblée ne soit pas nôtre, du moment que ses initiatives lui sont dictées, non pas par un étroit & égoïste calcul de parti, mais par le sentiment qu'il a de répondre au vœu de la population parisienne tout entière?

En transmettant à M. Raymond Poincaré l'invitation de la Municipalité, le très distingué Président de l'Assemblée municipale a-t-il fait œuvre de parti? Point. Ou du moins, il a fait œuvre de républicain loyaliste & respectueux de la Constitution. Nous ne pouvons que l'en féliciter, ainsi que ses collègues du Bureau qui, en cette circonstance solennelle, ont tenu eux aussi à se mettre en dehors & au-dessus des préoccupations de parti[1].

[1] Journal *le Radical*, 18 février 1913.

IMPRIMERIE NATIONALE.

LA JOURNÉE DU 18 FÉVRIER.

LA CÉRÉMONIE DE TRANSMISSION DES POUVOIRS.
LES MANIFESTATIONS POPULAIRES.
LA RÉCEPTION À L'HÔTEL DE VILLE.

LA CÉRÉMONIE DE TRANSMISSION DES POUVOIRS.

LA Ville pavoisée avait pris comme un air de fête nationale. A 1 heure de l'après-midi, le Président du Conseil municipal fit déposer, au nom du Bureau, chez Mesdames Raymond Poincaré, Fallières & Loubet, des corbeilles de fleurs.

A 2 heures 1/4, un coup de canon annonce que M. le Président Raymond Poincaré va quitter son hôtel de la rue du Commandant-Marchand pour prendre possession, à l'Élysée, des fonctions que doit lui transmettre M. Fallières.

Devant la porte de l'hôtel & avenue Malakoff, l'escorte présidentielle, composée d'un détachement du 1er Régiment de cuirassiers, en grande tenue, portant pour la première fois le gant à crispin, attend.

Un commandement bref retentit, suivi d'un cliquetis

d'armes. Un frémissement se propage. Les trompettes sonnent aux champs. M. Raymond Poincaré paraît. Il salue l'étendard qui s'abaisse &, tandis que des fenêtres des maisons de la rue partent des applaudissements nourris, que, de la foule massée aux abords, une longue ovation monte dans l'air, M. Raymond Poincaré prend place dans le grand landau de la Présidence, ayant à son côté M. Briand, Président du Conseil des Ministres.

La voiture, précédée de celle de M. Lépine, Préfet de Police, suivie de celle de MM. Ad. Pichon & le Général Beaudemoulin, futurs collaborateurs de M. Raymond Poincaré, part, entourée par les cavaliers, dont les casques, les cuirasses & les lattes scintillent au soleil. De nouveaux vivats s'élèvent. Ils ne devaient plus cesser jusqu'à l'arrivée à l'Élysée.

Par l'avenue Malakoff le cortège gagne l'avenue du Bois-de-Boulogne, la place de l'Étoile, — partout, sur l'Arc de Triomphe, sur les toits, jusque dans les arbres, des têtes apparaissent; des chapeaux, des mouchoirs s'agitent; des cris joyeux sont poussés, — l'avenue des Champs-Élysées, où des milliers de Parisiens & de Parisiennes forment la haie; le Rond-Point, cadre superbe d'une émouvante manifestation; l'avenue Marigny, où l'enthousiasme se déchaîne en une ovation sans fin.

Dans la cour du Palais de l'Élysée, un bataillon du 89e Régiment d'infanterie de ligne est, sous les ordres du colonel, rangé avec le drapeau & la musique du régiment.

Tout à coup une rumeur lointaine se perçoit, annonçant l'approche du cortège; elle grossit de seconde en seconde; bientôt les bravos éclatent, se confondant, dès que M. Raymond Poincaré est aperçu, dans une immense clameur jaillie de toutes les poitrines.

L'escorte de cuirassiers vient se placer des deux côtés de la porte de l'Élysée, & le cortège s'engage sous la voûte. Les troupes rendent les honneurs. Le colonel salue de son épée. Les tambours battent, les clairons font vibrer leurs notes de cuivre. La musique joue la *Marseillaise.*

Dans le lointain gronde la salve réglementaire de vingt & un coups de canon qu'une batterie d'artillerie tire du quai des Invalides.

M. Raymond Poincaré, d'un geste large, salue l'emblème national, puis gravit les marches du perron, accompagné de M. Briand, précédé de M. Mollard. Deux huissiers de la Présidence marchent en tête à travers les salles jusqu'au salon des Ambassadeurs, où le nouveau Président de la République fait son entrée à 2 h. 40.

C'est là que doit se dérouler la cérémonie officielle.

M. Fallières en habit, portant en sautoir le grand cordon de la Légion d'honneur, occupe le centre du salon, entouré des Ministres.

A sa droite, se tiennent :

M. Antonin Dubost, Président du Sénat, & les membres du Bureau du Sénat.

A sa gauche :

M. Paul Deschanel, Président de la Chambre des Députés, & les membres du Bureau de la Chambre.

Derrière lui :

Les membres de sa Maison civile & ses officiers d'ordonnance.

Les officiers sont en grande tenue; les sénateurs & députés ont la poitrine barrée par l'écharpe tricolore.

M. Fallières, dès l'arrivée de M. Raymond Poincaré, fait un pas vers lui & lui serre affectueusement la main.

M. Fallières lit ensuite le discours suivant :

Monsieur le Président,

En vous transmettant les pouvoirs que je tenais de l'Assemblée nationale de 1906 & qui vous ont été dévolus par celle de 1913, laissez-moi vous offrir mes plus cordiales félicitations.

Elles vont à l'homme éminent, dont la vie tout entière a été vouée au culte de la République.

Les services que, dans votre brillante carrière, vous avez rendus au pays, qui ne les a pas oubliés, vous ont à différentes reprises ouvert le chemin du pouvoir. Votre action continuera à s'exercer désormais, avec une autorité plus haute, en faveur de la politique de paix, de liberté & de progrès, à laquelle la Nation est fermement attachée.

La France ne pourra qu'y gagner en prestige, en force & en prospérité.

Que Messieurs les Présidents & Messieurs les membres des Bureaux des deux Chambres me permettent de les remercier d'avoir bien voulu assister à la remise des pouvoirs. Leur présence à cette solennité n'échappera pas à la vigilance attentive du pays, qui sait que l'avenir de nos institutions repose sur l'accord permanent des grands pouvoirs de l'État.

M. Raymond Poincaré prend alors la parole & prononce à son tour ce discours :

Monsieur le Président,

Votre accueil si bienveillant & si cordial est le plus précieux encouragement que je puisse recevoir, au moment où je prends possession des pouvoirs que m'a confiés l'Assemblée nationale.

Je suis fier de l'estime & de l'amitié dont vous voulez bien m'honorer. Dans l'exercice de ma haute magistrature, je tâcherai de me rendre digne des sentiments que vous me marquez & des exemples que vous m'avez donnés.

Pendant une existence très noblement remplie, vous avez toujours été le serviteur loyal de la République & de la démocratie; & tous ceux qui vous ont approché savent avec quelle conscience & quelle simplicité vous vous êtes acquitté des plus grands devoirs.

Je n'oublierai jamais, pour ma part, qu'au début & à la fin de votre septennat, j'ai eu la bonne fortune de siéger auprès de vous dans les Conseils du Gouvernement, où j'ai pu apprécier, en maintes circonstances, la sûreté de votre jugement & la clairvoyance de votre patriotisme.

A mon tour, je consacrerai toutes mes forces à la tâche qui m'est dévolue & dans l'accomplissement de laquelle j'aurai besoin de pouvoir m'appuyer sur la confiance du Parlement, comme sur celle du pays.

Je suis heureux que Messieurs les Présidents & Messieurs les membres des Bureaux des deux Chambres aient bien voulu assister aujourd'hui à la remise des pouvoirs. Leur présence m'apparaît, à moi aussi, comme le symbole de l'harmonie qui doit assurer le fonctionnement normal de la Constitution. Ils peuvent compter sur mon inaltérable dévouement à la République & à la Patrie.

MM. Fallières & Poincaré se serrent de nouveau la main. Ils reçoivent ensuite les hommages des personnalités présentes.

La cérémonie de transmission des pouvoirs est terminée.

M. Raymond Poincaré est Président de la République française.

« Je prie Monsieur le Président de la République », dit M. Fallières en s'adressant à M. Poincaré, « de vouloir bien passer dans mon cabinet, où je lui ferai la remise matérielle des services. »

Précédés du Chef du Service du Protocole, les deux Présidents se retirent.

Les Présidents du Sénat, de la Chambre des Députés, accompagnés des Bureaux des deux Assemblées, les Ministres & Sous-Secrétaires d'État quittent l'Élysée pour se rendre à l'Hôtel de Ville.

Un quart d'heure après, M. le Général Florentin, Grand Chancelier de la Légion d'honneur, est introduit. Il reconnaît comme Grand Maître de l'Ordre le nouveau Président de la République & présente à M. Poincaré le collier, la plaque, la grand'croix & le grand cordon de la Légion d'honneur.

Le collier se compose de deux rangs de faisceaux consulaires séparés par des étoiles & au milieu desquels se trouvent seize attributs, plus le fermoir, en forme de médaillons, encadrés dans des couronnes de chêne reliées les unes aux autres par les lettres H. P. (Honneur, Patrie) entrelacées. Les extrémités inférieures du collier se rejoignent sur une double cou-

LE GRAND COLLIER DE LA LÉGION D'HONNEUR

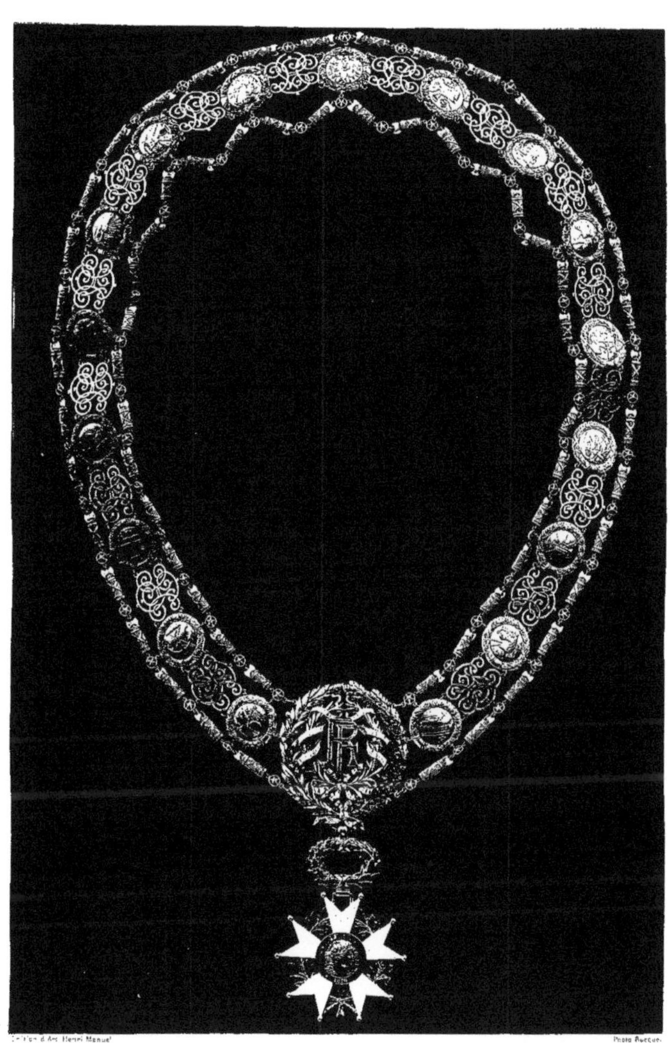

Édition d'Art Henri Manuel — Photo Rucque.

ronne de chêne, de laurier & de palmes enrubannées, contenant au centre le monogramme R. F.; à cette double couronne est suspendue une étoile de la Légion d'honneur de 81 millimètres de diamètre.

Au revers des médaillons est gravé le nom des Présidents, avec la date de leur entrée en fonctions, depuis M. Grévy qui, en 1881, a fait exécuter le collier.

Un procès-verbal est ensuite signé, enregistrant l'élévation de M. Raymond Poincaré à la dignité de Grand Maître de l'Ordre.

LES MANIFESTATIONS POPULAIRES.

Pendant que se déroulait à l'Élysée la cérémonie de transmission des pouvoirs, la population envahissait les voies où allait passer le nouveau Président se rendant à la Maison commune.

Dès une heure de l'après-midi, la rue de Rivoli présentait une intense animation. En tous points se rassemblaient hommes, femmes, enfants, &, pendant deux heures, malgré la bise qui soufflait, Parisiens & Parisiennes, qui venaient apporter en hommage un enthousiasme réfléchi, devaient patienter, calmes, souriants, sans murmures.

Aux Tuileries, débouchait le cortège des Sociétés parisiennes, déployant, le long de la colonnade de pierre, leurs étendards, & cette haie de bannières formait un pittoresque pavoisement.

Quant à la place de l'Hôtel-de-Ville, elle s'emplissait d'une foule qui croissait de minute en minute. Mais cette foule était tranquille, disciplinée, & c'est sans peine que les cuirassiers & les gardes municipaux contenaient ce flot mouvant.

Photo Branger.

La place de l'Hôtel-de-Ville le 18 février 1913.

Le spectacle des voies menant du Palais du Chef de l'État au Palais du Peuple était impressionnant.

..... C'est à la place de la Concorde, écrit un témoin [1], qu'on attendait surtout l'apparition du cortège; tout immense qu'elle est, mille voitures de toute forme & de tout usage en occupaient la surface entière : fiacres enchevêtrés, autobus en files interminables issues du boulevard Saint-Germain, du Cours-la-Reine & des Champs-

(1) *Petite République*, 19 février 1913.

Élysées, & confluentes vers la rue Royale dont elles visaient, immobiles, l'entrée défendue; chars à bancs, voitures de luxe ou de livraison, tricycles porteurs & force autres véhicules qui, pour lors, ne véhiculaient guère, mais faisaient office de piédestal & d'observatoire, au-dessus de vingt rangs de piétons massés derrière les croupes de la Garde républicaine...

D'un côté de la rue de Rivoli, pas une fenêtre qui ne soit ouverte & où l'on ne se penche à mi-corps, en famille; pas un toit d'où ne pendent des jambes; pas une lucarne d'où ne se braque une jumelle de théâtre; & les cris & les applaudissements qui descendront au bon moment de cette manière de «poulailler» feront lever les têtes aux grilles des Tuileries; là aussi on est tout avidité, tout allégresse & tout cramponnement; chaque barreau est, depuis deux heures, prisonnier d'une main, en dépit de l'onglée; les spectateurs du premier rang ont des têtes sous chaque bras, sur chaque épaule & jusque entre les jambes. Jamais on n'a vu tant de monde dans les Tuileries dont les allées jamais n'ont été plus désertes; un peuple s'écrase aux claires-voies de la cage immense, & on est à quinze entassés sur les fauves combattants de Barye. La terrasse de l'Orangerie est comble; par une attention délicate, de nombreuses fanfares & orphéons y sont groupés qui, dès l'apparition de l'escorte présidentielle, donneront au nouveau Chef de l'État le baptême des harmonies musicales...

D'où qu'on arrive à l'Hôtel de Ville, on n'en approche plus, dès longtemps, que par des prodiges de patience & de tours de force d'insinuation; les abords en sont interdits à la foule, moins par la police & la troupe, que par la foule elle-même qu'immobilise & empêtre sa propre masse. Les spectateurs du dernier rang de face sont au Théâtre Sarah-Bernhardt & toute l'avenue Victoria est comme une salle de réunion où l'on aurait admis beaucoup plus de monde qu'elle n'en pouvait tenir; l'Hôtel de Ville dresse au fond sa somptueuse façade & ses six hérauts d'or debout en plein ciel; avec les trophées qui le décorent & l'auvent de velours qui abrite son perron principal, il fait superbe & puissante & fastueuse figure.

LA RÉCEPTION À L'HÔTEL DE VILLE.

De bonne heure, les invités de la Municipalité gagnent la rue Lobau, qui a été dégagée à leur intention &, dès l'ouverture des portes, à 2 h. 1/2, sont dirigés, par les commissaires de la fête, vers les salons.

Par la porte centrale du Palais communal entrent les personnalités officielles.

Dans la salle des Prévôts se tiennent, pour les accueillir dès leur venue, les Représentants de la Municipalité, MM. Galli, Président du Conseil municipal; M. Delanney, Préfet de la Seine; Poirier de Narçay, Président du Conseil général; Gay, Syndic du Conseil municipal; & les autres membres du Conseil.

Dans la cour du Centre, à gauche, se trouvent les membres du Conseil municipal, du Conseil général, les représentants de la Presse accrédités à l'Hôtel de Ville.

Successivement arrivent :

MM. Barbier, Gervais, Lefèvre, Poirrier, Mascuraud, Ranson, Paul Strauss, Émile Dupont, Jénouvrier, sénateurs;

MM. Bertrand d'Aramon, Armez, Maurice Barrès, Paul Beauregard, Georges Berry, l'Amiral Bienaimé, Louis Brunet, Buisson, Bussat, Charles Benoist, Charles Leboucq, Chenal, Déchelette, Joseph Denais, Desplas, Louis Dubois, Duclaux-Monteil, Paul Escudier, Failliot, de Grandmaison, Grosdidier, le Lieutenant-Colonel du Halgouët, Henry Paté, Lefébure, Jean Lerolle, le Comte Ferri de Ludre, Maurice Spronck, Millerand, Millevoye, de Montjou, Albert Noël, Paul Pugliesi-Conti, Tournade, députés;

M. Alfred Picard, Vice-Président du Conseil d'État;

Photo Mathieu.

Arrivée de M. le Président Loubet à l'Hôtel de Ville.

M. Baudouin, Premier Président de la Cour de cassation;

M. Payelle, Premier Président de la Cour des comptes;

M. Forichon, Premier Président de la Cour d'appel;

M. le Général Joffre, Chef d'État-Major général de l'Armée;

M. le Vice-Amiral Le Bris, Chef d'État-Major général de la Marine;

M. le Général Michel, Gouverneur militaire de Paris;

M. le Général Regnault, commandant le Département de la Seine;

M. le Général Vérand, commandant la Place de Paris;

M. Petit, Président du Tribunal de commerce;

M. Aubanel, Secrétaire général de la Préfecture de la Seine;

M. Laurent, Secrétaire général de la Préfecture de Police;

MM. Chautemps, Alphonse Humbert, André Lefèvre, anciens Présidents du Conseil municipal;

M. Hattat, ancien Syndic du Conseil;

M. le Général Clergerie, Chef d'État-Major du Gouverneur militaire de Paris;

M. le Lieutenant-Colonel Cottez, Chef d'État-Major de la Place de Paris;

MM. les Colonels Klein, commandant la légion de la Garde républicaine de la Seine; Cordier, commandant le régiment des Sapeurs-Pompiers; Thiébault, commandant la légion de Gendarmerie de la Seine.

Les membres du Gouvernement, les Bureaux du Parlement, qui ont quitté l'Élysée après la transmission des pouvoirs, entrent à leur tour.

Voici d'abord les Ministres :

M. Barthou, Ministre de la Justice;

M. Jonnart, Ministre des Affaires étrangères;

M. Klotz, Ministre des Finances;

M. Étienne, Ministre de la Guerre;

M. Pierre Baudin, Ministre de la Marine;

M. Steeg, Ministre de l'Instruction publique;

M. Jean Dupuy, Ministre des Travaux publics;

M. Guist'hau, Ministre du Commerce;

M. Fernand David, Ministre de l'Agriculture;

Photo Meurisse.

M. Raymond Poincaré, Président de la République, & M. le Président Fallières quittant l'Élysée pour l'Hôtel de Ville.

M. Jean Morel, Ministre des Colonies;

M. René Besnard, Ministre du Travail;

M. Paul Morel, Sous-Secrétaire d'État au Ministère de l'Intérieur;

M. Paul Bourély, Sous-Secrétaire d'État au Ministère des Finances;

M. Chaumet, Sous-Secrétaire d'État des Postes & Télégraphes;

M. Léon Bérard, Sous-Secrétaire d'État des Beaux-Arts.

Voici :

M. le Général Beaudemoulin, Secrétaire général militaire de la Présidence de la République;

M. Ad. Pichon, Maître des Requêtes au Conseil d'État, Secrétaire général civil de la Présidence de la République;

M. Collignon, ancien Secrétaire général de la Présidence;

M. le Général Florentin, Grand Chancelier de la Légion d'honneur;

M. le Président Loubet.

M. Paul Deschanel, Président de la Chambre des Députés, arrive accompagné des membres du Bureau & des fonctionnaires de la Chambre :

MM. Louis Puech, Alfred Massé, Gustave Dron, Vice-Présidents;

MM. Saumande, Jean Durand, Devins, Questeurs;

MM. Daniel Vincent, Lenoir, Renard, Dusevel, Auriol, Combrouze, Maginot, le Baron des Lyons de Feuchin, Secrétaires;

M. Fernand Rabier, Président de la Commission de comptabilité de la Chambre;

M. Eugène Pierre, Secrétaire général de la Présidence de la Chambre;

M. Launoy, Secrétaire général de la Questure;

M. Paul Imbert, Chef du Cabinet du Président;

M. le Lieutenant-Colonel Lequime, Commandant militaire du Palais-Bourbon.

M. Antonin Dubost, Président du Sénat, est accompagné des membres du Bureau & des fonctionnaires de la Haute Assemblée :

MM. Touron, Antony Ratier, Maurice-Faure & Savary, Vice-Présidents;

Photo Henri Manuel.

M. Raymond Poincaré descendant de son landau.

MM. Émile Reymond, Lecour-Grandmaison, Hayez, Faisans, Poirson, Astier, Mollard, Charles Humbert, Secrétaires;

MM. Denoix, Tillaye, Gustave Rivet, Questeurs;

M. Bonet-Maury, Chef faisant fonctions de Secrétaire général de la Présidence;

M. Hustin, Secrétaire général de la Questure;

IMPRIMERIE NATIONALE.

M. Favareille, Chef du Cabinet du Président;

M. Douarche, Chef du Secrétariat particulier du Président;

M. le Colonel Gossart, Commandant militaire du Palais du Luxembourg.

Les Représentants des Pouvoirs publics sont conduits dans la cour Louis XIV & s'y placent à droite dans l'ordre prévu par le Service du Protocole[1].

Madame Poincaré est, en arrivant sous le péristyle, respectueusement saluée par les Représentants de la Municipalité. Après que le Président du Conseil municipal lui a offert une gerbe d'œillets & d'orchidées, que noue un ruban blanc argent, traversé de rouge & bleu, Madame Poincaré est accompagnée à la loggia qui lui est réservée dans la grande salle des Fêtes. Là se trouvent déjà, assises au premier rang, Mesdames Fallières, Paul Deschanel, Galli, Delanney, &, derrière elles, Mesdames Barthou, Klotz, Étienne, Pierre Baudin, Steeg, Jean Dupuy, Guist'hau, Fernand David, René Besnard, Paul Bourély, Chaumet.

Les personnalités officielles sont toutes présentes, attendant maintenant M. Raymond Poincaré, Président de la République, & M. le Président Fallières.

A 3 h. 45, M. Raymond Poincaré, portant le grand cordon de la Légion d'honneur que, quelques minutes auparavant, lui a remis le Général Florentin, quitte le Palais de

[1] Voir page 15.

l'Élysée, accompagné de M. le Président Fallières & de M. Briand, Président du Conseil des Ministres.

Le parcours, de l'Élysée à l'Hôtel de Ville, n'est qu'une marche triomphale, & c'est escorté par de frénétiques vivats que

Photo Mathieu.

M. Raymond Poincaré, Président de la République, & M. le Président Fallières recevant les souhaits de bienvenue de la Municipalité.

le nouveau Chef de l'État fera son entrée au foyer de la Cité parisienne. Partout, des cris, des bravos, auxquels les femmes joignent le délicat hommage de fleurs, jetées de toutes parts.

Quelques minutes avant 4 heures, un remous se produit sur la place de l'Hôtel-de-Ville. Un murmure court, grandit, puis déchire l'air. La vague d'acclamations qui vient des Tuileries signale le cortège. Toutes les têtes se tournent du côté de la rue de Rivoli.

Bientôt les cuirassiers étincelants apparaissent, caracolant autour du landau présidentiel.

Les tambours & les clairons de la Garde républicaine battent & sonnent aux champs. Les clameurs retentissent.

Les deux vantaux du Palais communal s'ouvrent.

MM. Galli, Delanney, Poirier de Narçay & Gay descendent les marches du perron.

La voiture s'arrête.

Les Représentants de la Municipalité souhaitent la bienvenue aux Présidents de la République.

A ce moment un aéroplane se montre. Il évolue au-dessus de la Cité, puis s'enfonce dans la nue. C'est un hardi aviateur, Maurice Guillaux qui, du haut des airs, est venu saluer le nouveau Chef de l'État.

Quelques minutes après, MM. Poincaré & Fallières, précédés de MM. Mollard & de Fouquières, gravissent les degrés du perron, passent sous le velum, & traversent la salle des Prévôts, entre les haies que forment les cavaliers de la Garde républicaine, tandis que la musique de l'École d'artillerie de Vincennes, placée dans la salle, exécute la *Marseillaise.*

Quatre heures sonnent à la grande horloge du Palais communal, quand les Présidents de la République entrent dans la cour du Centre, où les uniformes chamarrés des généraux, des diplomates, les écharpes tricolores des membres du Parlement, les écharpes bleu & rouge des conseillers municipaux jettent leurs notes éclatantes. Les Présidents du Sénat

& de la Chambre des Députés les reçoivent & se joignent au cortège, de même que M. le Président Loubet, les Ministres & Sous-Secrétaires d'État.

M. Galli, Président du Conseil municipal, M. Delanney, Préfet de la Seine, se placent devant le *Gloria Victis*, faisant

Photo Mathieu.

Le cortège officiel se mettant en marche.

face à MM. Poincaré & Fallières. Le cercle se forme autour d'eux.

M. Galli prononce l'allocution suivante :

Monsieur le Président,

Votre première visite est pour le peuple de Paris. Nous vous en remercions. Nous exprimons aussi notre gratitude à M. le Président Fallières, qui fut souvent l'hôte respecté de notre Maison commune & qui nous a donné tant de preuves de sympathie & de bienveillance conciliante.

MONSIEUR LE PRÉSIDENT,

Nous sommes heureux, nous sommes fiers de saluer en vous, au nom du Conseil municipal, au nom de Paris, dans un sentiment très profond de loyalisme démocratique & de fraternité française, au-dessus de tous les partis, le Représentant élu de la République & de la Patrie.

M. DELANNEY, Préfet de la Seine, s'exprime ainsi :

MONSIEUR LE PRÉSIDENT DE LA RÉPUBLIQUE,

Permettez-moi d'offrir à M. Fallières, au nom de l'Administration de la Ville de Paris, l'expression émue de notre respectueuse & fidèle reconnaissance.

MONSIEUR LE PRÉSIDENT DE LA RÉPUBLIQUE,

Nous vous prions, mes collaborateurs & moi, de vouloir bien agréer l'hommage de notre profond dévouement. Nous sommes heureux de saluer respectueusement en vous le Chef de l'État. Notre entier loyalisme & notre sincère attachement vous sont acquis, comme à la République.

D'une voix légèrement voilée par l'émotion, M. Raymond POINCARÉ répond en ces termes :

MONSIEUR LE PRÉSIDENT,

MONSIEUR LE PRÉFET,

C'est à moi de témoigner ici ma reconnaissance à la Municipalité parisienne. Je la remercie d'avoir bien voulu nous fournir, à M. le Président Fallières & à moi, ainsi qu'à notre cher & vénéré prédécesseur M. Loubet, l'heureuse occasion de nous trouver réunis, en ce jour, au foyer commun du peuple de Paris.

M. RAYMOND POINCARÉ, PRÉSIDENT DE LA RÉPUBLIQUE;

MM. LES PRÉSIDENTS FALLIÈRES ET LOUBET;

M. ANTONIN DUBOST, PRÉSIDENT DU SÉNAT;

M. PAUL DESCHANEL, PRÉSIDENT DE LA CHAMBRE DES DÉPUTÉS;

M. A. BRIAND, PRÉSIDENT DU CONSEIL DES MINISTRES;

M. HENRI GALLI, PRÉSIDENT DU CONSEIL MUNICIPAL;

M. MARCEL DELANNEY, PRÉFET DE LA SEINE;

M. GAY, SYNDIC DU CONSEIL MUNICIPAL.

Édition d'Art Henri Manuel

Au moment où je suis appelé à exercer la Magistrature suprême, j'éprouve l'émotion la plus douce à sentir battre, tout près de moi, le cœur de la grande Ville.

Si les chaleureuses sympathies dont je suis entouré s'adressent à mes hautes fonctions, beaucoup plus certes qu'à ma personne, elles n'en sont pas moins, pour le nouveau Président, un inappréciable gage de la confiance publique; elles lui offrent un secours dont il ne peut que se réjouir &, en même temps, elles lui créent des devoirs dont il ne saurait méconnaître la gravité.

Ces devoirs, Messieurs, je m'efforcerai de les remplir, en servant de toute mon âme la France républicaine.

Après ces derniers mots, que le Président de la République a scandés avec fermeté, les applaudissements éclatent.

M. Galli présente alors à M. le Président de la République, ainsi qu'à M. le Président Fallières, à MM. Antonin Dubost, Président du Sénat & Paul Deschanel, Président de la Chambre des Députés, à M. le Président Loubet, à M. Briand, Président du Conseil des Ministres, chacun des membres du Conseil municipal de Paris & du Conseil général de la Seine.

Le Président du Conseil municipal invite ensuite MM. les Présidents Poincaré, Fallières, Antonin Dubost, Paul Deschanel, Briand, Loubet, à signer, sur le Livre d'Or de la Ville de Paris, le procès-verbal de leur visite.

Le parchemin sur lequel ils apposent leurs signatures, en se servant d'un porte-plume en or surmonté du coq gaulois, — qui sera déposé au Musée Carnavalet, — est l'œuvre de M. J. Commin, dessinateur-calligraphe au Secrétariat du Conseil municipal.

Il porte en marge un écusson, composé d'un faisceau de licteur enrubanné aux couleurs nationales. Disposées de chaque côté, les lettres R. F., enluminées sur fond carmin rehaussé d'or vert & jaune en relief, sont enlacées par deux branches de chêne & de laurier nouées à la base par un ruban tricolore. En tête de la page figurent, pareillement enluminées, les initiales ainsi que les lettres composant les nom & prénom du Président de la République.

Le texte reproduit ci-contre est calligraphié sur le parchemin.

Les signatures apposées, le cortège se forme, puis se met en marche, conduit par M. Lépine, Préfet de Police; M. Mollard, Ministre plénipotentiaire, Chef du Service du Protocole; M. de Fouquières, Sous-Chef; M. Falcou, Commissaire général des Fêtes.

MM. Galli, Delanney, Poirier de Narçay & Gay le précèdent.

En tête, s'avancent MM. Poincaré & Fallières, M. Antonin Dubost tenant la droite de M. Poincaré, M. Paul Deschanel tenant la gauche de M. Fallières.

Viennent ensuite M. le Président Loubet & M. Briand, ayant à leurs côtés les Vice-Présidents du Conseil municipal; les Ministres; le Bureau du Sénat; le Bureau de la Chambre des Députés; les Sénateurs de la Seine; les Députés de la Seine; le Bureau du Conseil municipal; les Conseillers municipaux & généraux; la Presse municipale.

Le cortège, qu'encadrent les gardes municipaux, quitte

FAC-SIMILE DU PARCHEMIN

SIGNÉ

EN COMMÉMORATION DE LA RÉCEPTION A L'HÔTEL DE VILLE

DE M. RAYMOND POINCARÉ

(M. J. COMMIN, dessinateur calligraphe)

Monsieur Raymond Poincaré

Président de la République Française

a été reçu à l'Hôtel de Ville par la Municipalité de Paris
le Mardi 18 Février 1913 à 4 heures

en présence de:

Messieurs Armand Fallières et Émile Loubet
Anciens Présidents de la République

de M. Antonin Dubost, Président du Sénat, de M. Paul Deschanel, Président de la Chambre des Députés, de M. Aristide Briand, Président du Conseil des Ministres.

M. Henri Galli, Président du Conseil Municipal M. Marcel Delanney, Préfet de la Seine, assistés des Membres du Bureau, de M. Poirier de Narçay, Président du Conseil Général de la Seine et des Membres du Conseil Municipal de Paris, lui ont fait les honneurs de cette réception.

R. Poincaré   Emile Loubet

A. Fallières

Antonin Dubost   Paul Deschanel   A. Briand

Le Président du Conseil Municipal   Les Vice-Présidents   Le Préfet de la Seine

H. Galli   L. Jousselin   Chaix (?)   M. Delanney

Le Syndic   Les Secrétaires   Le Président du Conseil Général de la Seine

L. Gay   Charles Fillion   Dr Poirier de Narçay

Edition d'Art Henri Manuel

le Jardin d'hiver, traverse le salon Willette, tandis que la musique de l'École d'artillerie de Vincennes joue la *Marche lorraine,* puis monte le grand escalier d'honneur Nord, sur les marches duquel se tiennent les cavaliers de la Garde républicaine, en tenue de gala, sabre au clair.

Au haut de l'escalier retentissent les trompettes de la Garde.

Le cortège se dirige vers la grande salle des Fêtes. Les invités de la Municipalité se lèvent, & les voûtes que l'art a peuplées de chefs-d'œuvre s'emplissent de clameurs puissantes.

Les chœurs de la Société des concerts du Conservatoire chantent notre hymne national, qu'accompagne la musique de la Garde républicaine.

Le spectacle, écrit M. Jules Claretie[1], fut très beau.

La salle des Fêtes, élégante & gaie, eût tenté un Eugène Lami. Quelle aquarelle! Toilettes claires, aigrettes partout — de ces oiseaux de paradis qui font des chapeaux féminins autant d'objets de luxe, — des fleurs, de la musique, des uniformes militaires mêlés aux fracs noirs des députés & des conseillers municipaux, la poitrine barrée de leurs écharpes. Et surtout une atmosphère de confiance & d'espérance, un besoin spontané & très visible de manifester des sentiments de concorde, d'union, de foi en l'avenir. Je note l'impression sincère d'un témoin. Et au total, c'est de l'Histoire.

Puis lorsque, les appels stridents des trompettes annonçant leur entrée, saluée comme par les hérauts de jadis, les trois Présidents apparurent, accompagnés des Présidents du Sénat & de la Chambre, ce fut une

[1] *Temps,* 21 février 1913.

IMPRIMERIE NATIONALE.

unanime manifestation de respect & de sympathie. La *Marseillaise* éclatait, vibrante, & les voix humaines s'y mêlaient aux cuivres de la Garde républicaine.

M. Poincaré & les personnalités composant le cortège prennent place dans les fauteuils installés au centre de la salle. M. Raymond Poincaré a à sa droite M. le Président Fallières; M. Antonin Dubost, Président du Sénat; M. Galli, Président du Conseil municipal; M. Briand, Président du Conseil des Ministres; M. Barthou, Ministre de la Justice; MM. Touron, Antony Ratier, Vice-Présidents du Sénat; à sa gauche, M. Paul Deschanel, Président de la Chambre des Députés; M. Delanney, Préfet de la Seine; M. le Président Loubet; M. Jonnart, Ministre des Affaires étrangères; MM. Puech, Alfred Massé, Vice-Présidents de la Chambre des Députés.

Derrière s'asseyent les autres Ministres & Sous-Secrétaires d'État; les membres des Bureaux du Sénat & de la Chambre des Députés; le Préfet de Police; le Président du Conseil général de la Seine; les membres du Bureau du Conseil municipal; les Secrétaires généraux de la Présidence de la République; le Grand Chancelier de la Légion d'honneur; le Vice-Président du Conseil d'État; les Premiers Présidents de la Cour de cassation, de la Cour des comptes, de la Cour d'appel; les Officiers généraux; le Président du Syndicat de la Presse municipale; les Conseillers municipaux & généraux; les Sénateurs & Députés de la Seine; les Secrétaires généraux des deux Préfectures.

L'ESCALIER D'HONNEUR

Édition d'Art Henri Manuel

PROGRAMME

DU CONCERT DONNÉ DANS LA SALLE DES FÊTES.

---

1. *La Marseillaise* .... ROUGET DE L'ISLE.
   CHŒURS ET MUSIQUE.
2. *Marche lorraine* .... GANNE.
   MUSIQUE.
3. *Marche héroïque* .... SAINT-SAËNS.
   CHŒURS ET MUSIQUE.
4. *La Grotte de Fingal* (Ouverture) .... MENDELSSOHN.
   MUSIQUE.
5. *Le Prince Igor* .... BORODINE.
   CHŒURS ET MUSIQUE.
6. a. *Au Joly Jeu* (Chanson du XVIe siècle) .... Cl. JANNEQUIN.
   b. *Las, je n'yrai plus* (Chanson du XVIe siècle) .... G. COSTELEY.
   CHŒURS.
7. *Impreſsions d'Italie.* — Sur les cimes .... G. CHARPENTIER.
   MUSIQUE.
8. *La Bataille de Marignan* .... Cl. JANNEQUIN.
   CHŒURS.
9. *Deux Danses hongroises* .... BRAHMS.
   MUSIQUE.

MUSIQUE DE LA GARDE RÉPUBLICAINE,
sous la direction de M. Guillaume BALAY.

CHŒURS DE LA SOCIÉTÉ DES CONCERTS DU CONSERVATOIRE,
sous la direction de M. Jean GALLON.

Après avoir écouté la *Marche lorraine* & la *Marche héroïque* de Saint-Saëns, chantées par les chœurs, M. Poincaré & les personnalités officielles se lèvent.

Le cortège se met de nouveau en marche, traverse la grande salle à manger, le salon Jean-Paul-Laurens, où joue la musique du 76e Régiment d'infanterie, & le salon des Arcades.

Sur tout le parcours, ce sont de nouvelles ovations, des cris de « Vive Poincaré ! » auxquels se mêlent ceux de « Vive Fallières ! » « Vive la République ! » Dans le salon des Arcades particulièrement, où les invités de la Municipalité se tiennent debout en flots serrés, la manifestation de sympathie prend une magnifique ampleur.

Par le palier de l'escalier de M. le Préfet, la galerie du Conseil municipal, que décorent des draperies, des glaces, des plantes vertes, le cortège gagne la salle du Comité du budget, où quelques minutes auparavant Mesdames Poincaré, Fallières, Paul Deschanel, les femmes des Ministres & Sous-Secrétaires d'État ont été conduites par les membres du Bureau du Conseil municipal.

Dans la salle, un buffet est aménagé, orné de fleurs aux tons variés de jaunes, de guirlandes de capucines grimpantes, de roses William Allen Richardson, formant des arceaux, au bas desquels sont disposées des touffes d'azalées, de gros arums, des œillets jaunes, des tulipes doubles. Sur la nappe retombante, du médéola retient des piquets de roses couleur d'or.

LA SALLE DES FÊTES

Edition d'Art Henri Manuel

M. Henri Galli porte le toast suivant :

Messieurs,

La journée du 18 février 1913 marquera dans les annales de l'Hôtel de Ville.

Fêtons-la comme une grande manifestation en l'honneur de la République & de la France.

Je vous invite à lever vos verres en l'honneur de celui qui représente désormais l'une & l'autre, en l'honneur de M. le Président de la République Raymond Poincaré.

Messieurs,

A tous les Représentants de la Nation!

A la justice & à la paix sociales!

A l'action continue de toutes les énergies françaises pour la grandeur, la richesse & la gloire de la Patrie!

M. Raymond Poincaré répond en ces termes :

Je lève mon verre au Conseil municipal, à la grandeur & à la prospérité de Paris.

MM. Poincaré & Fallières, toujours suivis des Représentants des Pouvoirs publics, traversent ensuite la salle des séances du Conseil municipal.

Dans la salle, M. Poincaré reçoit MM. Faive, Micheau, Andréyor, Garnier, Lacaille, délégués des Sociétés parisiennes & de la banlieue, qui lui remettent l'adresse de sympathie, où se trouvent portés les noms de toutes les Sociétés participantes & de leurs présidents ou directeurs.

Cette adresse est ainsi libellée :

Monsieur le Président de la République,

Les Sociétés de Paris & des communes avoisinantes, groupées sur votre passage à l'occasion de votre visite à l'Hôtel de Ville de Paris, sont heureuses de vous manifester la satisfaction patriotique & républicaine qui les anime en vous voyant appelé à représenter la France pendant cette période de sept années.

Nul mieux que vous, Monsieur le Président, ne pouvait être plus digne de la haute fonction que votre mérite & votre grande loyauté d'homme & de républicain ont désigné au choix du Congrès, lequel, en vous élisant, fut complètement d'accord avec la Nation tout entière.

Veuillez donc accepter, Monsieur le Président, l'hommage de vive & unanime sympathie & de confiance que les Sociétés, qui acclament en vous le grand Lorrain & le grand Français que vous êtes, se font un plaisir de vous adresser, à l'occasion de votre prise de possession des pouvoirs de Président de la République.

Elles sont persuadées que, sous votre Présidence, la République française traversera une heureuse période de prospérité dans le calme d'une paix intérieure & extérieure, faite de dignité & de patriotisme.

M. Raymond Poincaré répond ainsi :

Messieurs,

Je suis très sensible à l'aimable initiative qu'ont prise aujourd'hui les Sociétés de Paris & de la banlieue, & nous avons été profondément touchés, M. le Président Fallières & moi, de les voir tout à l'heure rangées sur notre passage.

Elles nous ont ainsi permis d'avoir sous les yeux, dans notre parcours de l'Élysée à l'Hôtel de Ville, la vivante image des meilleures vertus

LA SALLE DES SÉANCES DU CONSEIL MUNICIPAL

Édition d'Art Henri Manuel

françaises : l'esprit de sacrifice & de désintéressement, la générosité chevaleresque, le patriotisme à la fois ardent & réfléchi.

Je me félicite d'avoir eu, dans cet heureux rapprochement d'associations diverses & de générations successives, une aussi émouvante vision de la France immortelle ; & de ce spectacle inoubliable, j'ai rempli pour toujours mes regards & ma pensée.

Le cortège passe ensuite dans la Bibliothèque où un buffet a été également installé, gagne la galerie du Conseil, l'escalier de M. le Préfet, tandis que retentissent les trompettes de la Garde républicaine.

MM. Poincaré & Fallières prennent place dans leur voiture, qui attend sous la voûte de la cour Sud.

Aussitôt, les clairons sonnent, les tambours battent aux champs.

Au moment où le landau, accompagné de l'escorte, paraît sur la place de l'Hôtel-de-Ville, la foule, qui n'a pas cessé d'y rester massée durant tout le cours de la cérémonie, pousse des vivats avec le même enthousiasme qu'à l'arrivée.

En quittant le Palais communal, M. Poincaré veut bien informer M. Galli de son intention de lui remettre une somme de 20,000 francs pour les pauvres de Paris.

Lorsque le cortège officiel se fut éloigné du Jardin d'hiver, la musique de l'École d'artillerie de Vincennes & les chœurs du Théâtre national de l'Opéra-Comique y donnèrent un concert. M. Noté chanta la *Marseillaise.*

Sur la place de l'Hôtel-de-Ville, les musiques des 24ᵉ &

104e Régiments d'infanterie jouèrent la *Marche lorraine* & divers morceaux.

A la tombée du jour & toute la soirée l'Hôtel de Ville fut illuminé.

Après le départ de M. Raymond Poincaré, le Président du Conseil municipal reçut dans son cabinet une délégation, dont faisaient partie plusieurs Alsaciens, — l'un d'eux, un vieillard, était un ancien combattant de l'année terrible & était décoré de la médaille militaire & de la médaille de 1870, — & trois jeunes filles portant les costumes des pays annexés.

La Délégation avait cherché à remettre à M. Raymond Poincaré une gerbe de fleurs cueillies sur la terre d'Alsace, mais n'avait pu, arrêtée par la foule innombrable qui était massée sur la place de l'Hôtel-de-Ville, accéder à la Maison commune. Elle venait prier le Président du Conseil municipal de vouloir bien s'acquitter de ce soin. M. Galli promit de déposer le soir même, à l'Élysée, les fleurs du souvenir.

Le lendemain, M. Raymond Poincaré, que cette touchante attention avait profondément ému, exprima ses remerciements & aux membres de la Délégation alsacienne & au Président du Conseil municipal.

Telle fut la première rencontre du Président Poincaré & de la population de Paris.

L'ESCALIER DU PRÉFET DE LA SEINE

Édition d'Art Henri Manuel

HÔTEL DE VILLE DE PARIS.

RECEPTION DE M. RAYMOND POINCARE,
PRÉSIDENT DE LA RÉPUBLIQUE.

JARDIN D'HIVER,
18 FÉVRIER 1913.

MUSIQUE DE L'ÉCOLE D'ARTILLERIE DE VINCENNES,
sous la direction de M. Louis BLÉMANT.

CHŒURS DU THÉÂTRE NATIONAL DE L'OPÉRA-COMIQUE,
sous la direction de M. Fernand MASSON.

1. *Le Roi d'Ys* .... LALO.
   CHŒURS.
2. Ouverture de *Guillaume Tell*........................ ROSSINI.
   MUSIQUE.
3. *Le Vaisseau fantôme* (chœur des Fileuses).............. WAGNER.
   CHŒURS. — *Soliste :* Mme JULLIOT.
4. Entr'acte de *Messidor*.......................... BRUNEAU.
   MUSIQUE.
5. *Philémon & Baucis*............................ GOUNOD.
   CHŒURS.
6. Ballet du *Cid* .... MASSENET.
   MUSIQUE.
7. *Carmen* (chœur des Cigarières)...................... BIZET.
   CHŒURS.
8. *Théodora*...................................... X. LEROUX.
   MUSIQUE.
9. *La Flûte enchantée*............................ MOZART.
   CHŒURS.
10. *Marche héroïque* .... SAINT-SAËNS.
    MUSIQUE.
11. *Louise* (la Muse)................................ G. CHARPENTIER.
    CHŒURS. — *Soliste :* M. CAPITAINE.

IMPRIMERIE NATIONALE.

Ainsi prit fin cette journée qui consacrait l'accord du Chef de l'État & de la Nation.

Journée d'espérances nouvelles pour tous ceux qui sont attachés à nos libres institutions, — la République ayant, à l'occasion de cette transmission paisible des pouvoirs présidentiels, prouvé une fois de plus la force de son principe & la continuité de sa tradition.

Journée aussi de rapprochement national, — chacun avait en effet l'impression qu'il assistait à une trève des partis.

Journée de recueillement enfin, car, dans la forme même que l'opinion publique avait voulu donner à la manifestation, il y avait — des observateurs attentifs l'ont remarqué — quelque chose de réfléchi & de grave. Le poids de l'heure présente passait sur la démocratie, consciente des intérêts permanents de la Patrie.

Ce peuple — tel était le sens de ses clameurs — demandait au Chef d'État, qui avait la charge de son destin, de maintenir à la France, sans faiblesse, sans provocations, mais fièrement, la place que lui méritent son génie, son histoire, ses nobles luttes pour la civilisation, la liberté & le droit.

Le lendemain 19 février, MM. Galli & Gay se transportèrent à l'Élysée, rue François-Ier & rue Dante, pour remettre à MM. Poincaré, Fallières & Loubet, la médaille d'or que la Ville de Paris avait fait frapper à leur intention en souvenir de la réception du 18 février.

LA MÉDAILLE OFFERTE A M. RAYMOND POINCARÉ

LA
VILLE DE PARIS
A
RAYMOND POINCARE
PRÉSIDENT
DE LA RÉPUBLIQUE
FRANÇAISE
18 FÉVRIER
1913

Edition d'Art Henri Manuel

Ces médailles représentaient à l'avers l'effigie de la Ville de Paris, dominant l'Hôtel de Ville qui se profilait au loin.

Au revers de celle offerte à M. Raymond Poincaré, était gravée, sous le nom du Président de la République, la date du 18 février 1913. Pour MM. Loubet & Fallières, les dates indiquées étaient celles de leur septennat (1899-1906); (1906-1913).

LE BAL DU 22 FÉVRIER.

ONSIEUR Raymond Poincaré, acceptant à nouveau & de grand cœur l'invitation de la Municipalité, se rendit, le samedi qui suivit, au bal organisé à l'Hôtel de Ville en son honneur. Il était accompagné de Madame Poincaré; de M. Steeg, Ministre de l'Instruction publique, & de Madame Steeg; de M. Mollard, Ministre plénipotentiaire, Chef du Service du Protocole; de M. de Fouquières, Sous-Chef du Service; de M. le Général Beaudemoulin & de M. Ad. Pichon, Secrétaires généraux de la Présidence de la République.

A leur arrivée, à 11 h. 50 du soir, le Président de la République & Madame Poincaré furent salués par M. Galli, Président du Conseil municipal; M. Delanney, Préfet de la Seine; M. Lépine, Préfet de Police; M. Poirier de Narçay, Président du Conseil général, qui, descendant les marches du perron de la porte d'entrée de l'Hôtel de Ville, s'avancèrent à leur rencontre, tandis que la musique de la Garde républicaine, placée dans la salle des Prévôts, jouait la *Marseillaise.*

A l'entrée dans la salle, le Président du Conseil municipal remit à Madame Raymond Poincaré une gerbe de roses alexandra & liberty, que nouait un ruban mauve pâle.

Après l'exécution de notre hymne national, M. Delanney, Préfet de la Seine, présenta à M. le Président de la République ses collaborateurs, les Directeurs de la Préfecture de la Seine, qui s'étaient placés à droite dans la salle.

Puis le cortège se forma :

M. le Président de la République offrait le bras à Madame Galli; à sa droite se tenait M. Delanney, Préfet de la Seine; M. le Président du Conseil municipal accompagnait Madame Poïncaré; M. Steeg conduisait Madame Delanney. Venaient ensuite M. le Général Michel, Gouverneur militaire de Paris; M. le Général Beaudemoulin & M. Ad. Pichon, Secrétaires généraux de la Présidence de la République; les membres du Conseil municipal & du Conseil général; les hauts fonctionnaires de l'Administration préfectorale.

Quinze mille invitations furent lancées. Les salons avaient conservé leur décoration somptueuse, & lorsque le cortège, venant du Jardin d'hiver où il avait été salué de chauds applaudissements, apparut au haut de l'escalier d'honneur, puis traversa les salons Roll, Bonis, les acclamations s'élevèrent. De tous côtés partaient les cris mille fois répétés de «Vive Poincaré!» «Vive la République!»

Quelques minutes avant l'arrivée dans la salle des Fêtes, les danses, qui, dès 10 heures du soir n'avaient pas cessé, rythmées par les orchestres[1], furent interrompues. La foule se massa, formant deux haies, & c'est à travers ce chemin tracé

[1] L'orchestre de la salle des Fêtes était dirigé par M. Deliance; l'orchestre placé dans le salon des Arcades, par M. Picau.

LE SALON DES ARCADES

Édition d'Art Henri Manuel

par le respect du public que M. Raymond Poincaré passa, salué par d'immenses clameurs. Le Choral de Paris[1], placé dans la galerie supérieure de la salle, entonna la *Marseillaise.*

L'ovation se prolongea encore lors de la traversée des salons Henri-Martin, Jean-Paul-Laurens, du salon des Arcades où les danses, là aussi, s'arrêtèrent. Sortant par la galerie Galland, M. & Madame Poincaré, ainsi que le cortège officiel, furent conduits, par la galerie du Conseil, dans le cabinet du Président du Conseil municipal.

Un buffet y avait été aménagé : il était orné de trois corbeilles en bambou que garnissaient des orchidées (cattléyas, lycastes & cypripédiums); des piquets de fleurs d'hortensias bleus, de magnolias, nouées d'un ruban de satin mauve, contribuaient encore à cette gracieuse décoration.

Devant le buffet, M. Galli, s'adressant à Madame Poincaré, porta le toast suivant :

Madame,

Très respectueusement, je bois à votre santé, & vous remercie du très grand honneur que vous nous avez fait & du grand plaisir que vous avez causé à la population parisienne en accompagnant M. le Président de la République à l'Hôtel de Ville.

[1] Au cours de la soirée, le «Choral de Paris», que dirigèrent MM. Baslaire & Audonnet, fit entendre les morceaux suivants : *la Muette de Portici* (Auber); *Salut, beau Midi!* (L. de Rillé); *la Liberté éclairant le Monde* (Gounod); *Faust,* chœur des Soldats (Gounod); *les Paysans* (Saintis); *Malbrough s'en va-t-en guerre* (O. Comettant).

Puis, se tournant vers M. Poincaré, M. Galli leva sa coupe à la santé de M. le Président de la République.

M. Raymond Poincaré porta un toast aux membres du Conseil municipal.

Un quart d'heure après, M. & Madame Poincaré quittaient le cabinet du Président du Conseil municipal & gagnaient la place de l'Hôtel-de-Ville par la galerie du Conseil, l'escalier C, la salle des Prévôts & la porte Centrale.

Sur tout le parcours, M. le Président de la République fut l'objet de nouvelles acclamations.

Le lendemain, par décision du Bureau, la population avait été admise à visiter les salons, tout illuminés. M. Galli, Président, & M. Gay, Syndic du Conseil municipal, faisaient les honneurs de la visite.

Des milliers & des milliers de Parisiens & de Parisiennes y défilèrent de 2 à 5 heures de l'après-midi.

LE CABINET DU PRÉSIDENT DU CONSEIL MUNICIPAL

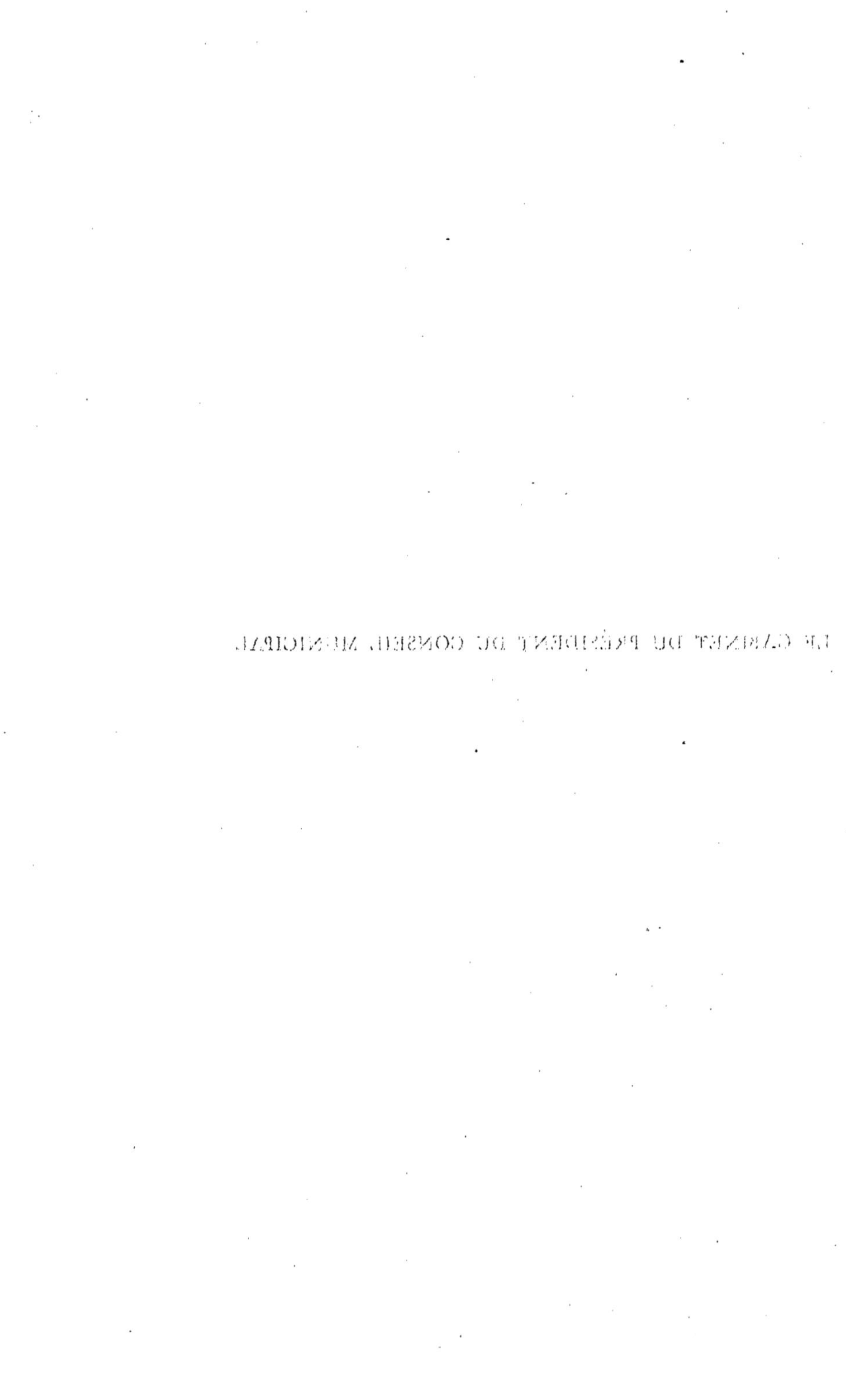

Édition d'Art Henri Manuel

ANNEXE.

VISITE DE M. RAYMOND POINCARÉ

À L'HÔPITAL SAINT-ANTOINE.

l'issue du Conseil des Ministres qui se tint à l'Élysée le 18 février 1913, après la réception de l'Hôtel de Ville, M. Raymond Poincaré, trouvant dans un mouvement spontané de son cœur l'inspiration de son premier acte de Chef d'État, se rendit à l'hôpital Saint-Martin, au chevet des sapeurs-pompiers qui, la veille, avaient été grièvement blessés lors de l'explosion d'une fonderie d'aluminium.

Le lendemain 19 février, il visita l'hôpital Saint-Antoine.

M. Raymond Poincaré arriva à 10 heures à l'hôpital, accompagné de M. A. Briand, Président du Conseil des Ministres, & du Général Beaudemoulin, Secrétaire général militaire de la Présidence de la République.

Il fut reçu dans la salle d'attente de la consultation de médecine par M. Galli, Président du Conseil municipal; M. Delanney, Préfet de la Seine; M. Gustave Mesureur, Directeur de l'Administration générale de l'Assistance publique, & M. Gutzwiller, Directeur de l'hôpital.

M. G. Mesureur était entouré de MM. H. Goulley, Secrétaire général de cette administration; Gory & Béchet, Inspecteurs principaux; Ferrier, Inspecteur; André Mesureur, Chef de service; Laurent & Michelin, Architectes; Desbrochers des Loges, Ingénieur de l'Administration; Boury, Inspecteur; Albin Guillot, Expert de l'Administration.

Assistèrent également à la visite : M. Paul Strauss, Sénateur, Président du Conseil de surveillance de l'Assistance publique; M. Millerand, Député du XIIe arrondissement; MM. Gay, Syndic du Conseil municipal; H. Rousselle, Président de la 5e Commission; Robaglia, Pierre Morel, Petitjean, Miniot, Conseillers municipaux; M. Aubanel, Secrétaire général de la Préfecture de la Seine.

Après les souhaits de bienvenue, M. le Président de la République visita successivement les Services de chirurgie de M. le Docteur Lejars (salle Broca); le Service de médecine de M. le Docteur Siredey (salle Malgaigne), où se trouve installée une cure d'air pour les bacillaires dans une véranda formant galerie; le Service de médecine de M. le Docteur Jacquet, spécialiste des maladies du cuir chevelu (salle Aran), qui fournit au Chef de l'État des renseignements du plus haut intérêt sur la comparaison de la mortalité infantile[1] suivant le degré de l'alcoolisation paternelle, renseignements

[1] Sur une statistique de 308 malades, examinés du 1er mai 1912 au 1er février 1913 & répartis en trois catégories, les 111 malades de la première catégorie (alcoolisation modérée) ont perdu 66 enfants, soit 18.41 p. 100; les 80 de la deuxième catégorie (alcoolisation forte) en ont perdu 73, soit 20.33 p. 100; les 117 de la troisième catégorie (alcoolisation très forte) en ont perdu 220, soit 61.22 p. 100.

que les Représentants de la Presse furent conviés à recueillir, pour en faire ressortir les conséquences sociales.

Continuant sa visite, M. le Président se rendit dans le Service de médecine de M. le Docteur Béclère (salle Magendie), où il fut mis au courant des résultats obtenus par le traitement radiothérapique & où il put apprécier l'installation du Service de radiologie, l'une des plus complètes & des plus perfectionnées des hôpitaux parisiens. De là, il alla dans le Service de chirurgie de M. le Docteur Ricard (salle Velpeau) & gagna le Service d'oto-rhino-laryngologie, dirigé avec une compétence & un dévouement si remarquables par M. le Docteur Lermoyez, & qui retint particulièrement son attention.

La visite se termina par le Service de M. le Docteur Doléris, Maternité (salles Levret & Guillemeau), par le pavillon Moïana & la clinique médicale de la Faculté (Service de M. le Professeur Chauffard). C'est dans l'amphithéâtre des cours de ce service que se trouvait réuni le personnel médical, administratif & hospitalier de l'établissement. Le Président y fut accueilli par des applaudissements nourris & un ban d'honneur.

M. G. Mesureur le remercia en ces termes :

Monsieur le Président,

Avant de quitter cet asile où vous avez fait pénétrer la joie du dehors, permettez-moi de vous présenter le corps médical & le personnel hospitalier de Saint-Antoine, & de vous exprimer en leur nom notre profonde reconnaissance. Vous avez voulu commencer la première journée de votre magistrature par une visite aux malades les plus déshérités, & votre générosité hier pour ceux qui ont faim, votre bonté aujourd'hui pour ceux qui souffrent apprendront à la population qu'elle peut compter sur votre cœur comme sur votre sagesse.

Le Président de la République a répondu :

Je vous remercie, Monsieur le Directeur, de vouloir bien me présenter le personnel de cet établissement, que vous appelez trop modestement un asile & qui est en réalité l'asile du dévouement, du sacrifice & de la charité. Je suis très heureux d'avoir pu inaugurer ma haute magistrature par cette visite à Saint-Antoine, & j'adresse ici au nom du Gouvernement de la République le témoignage de mon admiration & de ma gratitude à toutes ces Dames & à tous ces Messieurs.

Tandis que ces paroles étaient saluées par de chaleureux applaudissements & un nouveau ban, une infirmière vint, au nom du personnel, prier le Chef de l'État d'accepter pour Madame Poincaré une magnifique corbeille de fleurs.

La visite se termina à 11 h. 1/4.

TABLE DES PLANCHES

ET GRAVURES.

TABLE DES MATIÈRES.

www.ingramcontent.com/pod-product-compliance
Ingram Content Group UK Ltd.
Pitfield, Milton Keynes, MK11 3LW, UK
UKHW020253250726
13967UKWH00004B/1654

9 782013 020930